당신이 믿고 가입한
보험을 의심하라

당신이 믿고 가입한

보험을 의심하라

INSURANCE

구본기 지음

생각비행

국민 1인당 보험 가입 건수 평균 3.6개[1]
보험 천국 대한민국

평일 오전 TV를 보노라면 방송사를 먹여 살리는 것이 보험사는 아닐까 싶을 정도로 보험 광고가 흘러넘칩니다. 신문 경제면에서는 늘 보험 관련 칼럼이 인기입니다. 옆집 김 씨 아줌마와 동창생 강 머시기가 보험설계사가 되었다는 소식, 또 그만두었다는 소식은 이제 새삼스럽지도 않습니다.

인터넷 공간이 보험설계사들의 영업 놀이터가 된 지도 이미 오래입니다. 일반인들이 볼 때 '지식iN' '블로그' '카페' 등등에 정보인지 광고인지 모를 텍스트들이 난무하기만 합니다. 상품은 가깝고 소식은 흘러넘치는데 진짜 정보는 요원합니다. 아니, 차고 넘치는 텍스트 중에서 진짜 정보가 무엇인지 가려낼 혜안이 없으니 답답하기만 합니다.

늘 의문입니다. 우리가 매달 납입하고 있는 보험료는 과연 적정한 수준일까요? 나와 내 배우자, 우리 아이들, 부모님의 보험 가입은 제대로 잘한 걸까요? 부족하지는 않을까요? 아니, 과한 것은 아닐까요? 월 15만 원짜리 종신 보험은 정말로 우리 가계를 만약의 사태로부터 구원해줄 수 있을까요? 노후 준비에는 변액 유니버설 보험만 한 금융 상품이 없다는 보험설계사의 말은 사실일까요? 인터넷 카페와 블로그, 뉴스와 잡지 등에 흘러넘치는 각종 정보는 신뢰해도 되는 걸까요? 재무 설계, 보험 컨설팅 따위는 결국 보험을 팔기 위한 구실이 아닐까요? 어째서 이런 일상적인 물음에 명쾌하게 답해줄 수 있는 전문가가 우리 주위에는 없는 걸까요?

《당신이 믿고 가입한 보험을 의심하라》는 이런 흔하고 오래된 문제의식을 바탕으로 기획한 일종의 '보험 개론서'입니다. 이 책에는 가계 재무 구성에서 큰 부분을 차지하는 **저축성 보험**과 **보장성 보험**에 대해 보험설계사가 차마 말하지 못하는 진짜 정보가 담겨 있습니다.

이 책을 쓰기 전에 이미 출간된 다른 보험 관련 서적들을 두루 살펴보았습니다. 크게 다음 두 가지의 문제점이 있더군요.

하나, 솔직하지 못하다.
둘, 설명이 피상적이고 핵심을 꿰지 못한다.

전자는 보험 관련 서적의 저자들이 대개 '보험설계사'이기 때문에 빚어지는 현상입니다. 세칭 '보험 팔이'가 자신의 주력 상품인 저축성 보험이나 보장성 보험을 흉볼 수는 없는 노릇이니까요. 후자의 원인도 마찬가지입니다. 일반 독자에게 보험이 무엇인지 체계적으로 설명하려면 계보적 혹은 연역적으로 글을 풀어내야 하는데, 그렇게 하면 보험의 여러 약점이 대번에 드러나게 되거든요.

가령 전문가가 초보자를 대상으로 쓰는 보험 안내서라면 "보험이 대체 무엇이냐?"하는 보험의 정의에 대한 물음이 가장 먼저 나와야 하고, 이어서 "보험은 법률상 계약입니다"라는 답이 등장해야 합니다. 다시 말해 "'당신(소비자)이 이러저러한 때에는 내(보험사)가 얼마만큼의 보험금을 줄 테니 당신은 내게 매달 얼마만큼의 보험료를 주십시오'라는 약속을 체결하는 것을 '보험에 가입한다'라고 합니다"라는 설명이 책의 첫 페이지에 나와야 합니다.

그리고 그다음에는 응당 이런 물음이 이어져야겠지요. "그럼 보험사나 소비자가 그 약속을 지키지 않으면요?" 그 뒤로는 각각 약속을 지키지 않았을 때 어떤 일이 벌어지는지에 관한 설명이 이어져야 할 것입니다. 하지만 이렇게 체계적으로 설명해나가다 보면 보험 가입의 근본 토대인 "보험사는 반드시 보험금의 지급 약속을 지킬 것이다"라는 명제(또는 믿음)가 거짓임이 드러나게 됩니다(이는 통계가 증명해주는 사실로, 이 책에서 자세히 다루었습니다). 그러니까 글의 시작과 동시에 보험 가입의 타당성이 통째로 흔들려버리는 것이지요.

이런 사태를 피하고 싶은 '보험 팔이' 저자가 택할 수 있는 글쓰기 전략이란 결국 '맥락 버리기'밖에 없습니다. '보험'이라는 큰 틀과 전체적인 맥락은 도외시한 채 '종신 보험' '암 보험' 따위의 상품 키워드들만 추출하여 제도의 변화 등으로 당장 내일이라도 바뀔 수 있는 아주 미시적인 내용으로만 글을 채우는 것입니다. 이런 글들을 한데 모아 엮으면 개념 따위는 잡으려야 잡을 수가 없는 빛 좋은 개살구 같은 책이 완성됩니다. 그런 책들에는 각 보험 상품들에 대한 정보는 있지만 그것들이 어느 보험에서 어떻게 갈라져 나온 것인지 설명되어 있지 않기 때문에 책 밖 보험 상품의 모습이 조금만 달라져도 독자는 혼란을 겪기 마련입니다. 사람들은 새로운 보험 상품이 매일같이 쏟아져 나온다고 느낍니다. 그러나 사실 지난 10여 년간 기존에 출시된 보험 상품과 그 색을 확연히 달리하는 '정말 새로운 보험 상품'이 출시된 적은 단 한 번도 없었습니다. 사람들이 아무리 보험 관련 서적을 많이 보아도 보험이 대체 무엇인지 여전히 감을 잡지 못하는 이유가 여기에 있습니다. 책에 '보험의 핵심을 꿰는 맥락'이 빠져 있기 때문입니다.

다행히 저는 보험설계사가 아닙니다. 보험 상품에 대해 솔직하게 말하지 못할 이유, 또 맥락을 버리고 핵심을 에두를 동기가 제게는 없습니다. 또한 특정 보험 상품에 대해 악평을 하거나 호평을 한다고 해서 제게 어떤 이득이나 손실이 생기는 것도 아닙니다. 저는 오로지 정확한 보험 지식을 전달하기 위해 이 책을 썼습니다.

우리가 보험으로 보장받으려는 것은 결국 돈입니다. 즉, 보험 이야기는 결국 돈 이야기입니다. 보험에 잘못 가입하는 바람에 금전적 손해를 입은 가계를 그간 너무나도 많이 보아왔습니다. 한때는 제가 가해자인 적도 있었습니다. 이제 그런 아픈 피해와 가해를 막기 위해 쓸만한 보험 개론서가 하나쯤 나올 때도 됐습니다. 저는 이 책이 분명 당신 가계에 책값 이상의 가치를 선사해줄 것이라 믿습니다.

책을 보다 효과적으로 읽는 방법을 안내해 드리겠습니다. 책을 읽기 전(그러니까 지금!) 가계에서 가입한 보험 증권과 약관을 꺼내어 곁에 두고 읽기 시작하시기 바랍니다. 그리고 책에 낯선 개념이 나오면 그때마다 펼쳐서 확인해보세요. 그러면 틀림없이 '보험 공부'라는 것을 전에 없이 확실하게 할 수 있고, 옆에 있는 보험 증권과 약관도 쉽게 이해할 수 있을 것입니다.

구본기

일러두기

본문에서는 '보장'과 '보상'을 같은 뜻으로 사용했습니다. 일상에서 우리는 보장을 '보증'의 뜻으로, 보상을 '배상' 또는 '변상'의 뜻으로 사용합니다. 그러나 요즘 보험업계는 '보장'과 '보상'을 같은 뜻으로 구분 없이 사용하고 있기에 이를 준용하였습니다.

꼭 알아야 할
보험 필수 개념

 용어를 알면 내용이 보인다

필자와 독자가 서로 다른 용어를 사용하거나 해당 분야의 필수 개념이 독자의 머릿속에 서 있지 않으면 책을 통한 소통에 무리가 따를 수 있습니다. 이를 예방하고자 '이 정도는 꼭 미리 알고 있어야 한다'는 개념 몇 가지를 선별하여 간략하게 정리해보았습니다.

계약자, 피보험자, 수익자, 보험자

보험 계약은 계약자와 피보험자, 수익자와 보험자로 구성됩니다. **계약자**란 보험 계약을 청약하고 '보험료를 납입하기로 약속한

자'를 말합니다. **피보험자**는 보험 사고 발생의 대상이 되는 자를 말합니다. **수익자**는 보험 사고 발생 시에 보험금 청구권을 가진 자, 즉 '보험금을 받는 자'를 가리킵니다. **보험자**는 보험금 지급 의무를 지는 자, 곧 보험사를 말합니다.

보험료, 보험금

의외로 보험료와 보험금을 혼동하는 사람들이 많습니다. 계약자가 보험자에게로 건네는 돈, 즉 보험 소비자가 보험사에 납입하는 돈을 **보험료**라고 합니다. 반대로 (보험 사고가 발생하여) 보험사로부터 보험 소비자가 받는 돈을 **보험금**이라고 합니다.

보험 기간, 만기, 납입 기간

보험 기간이란 보험사가 보험금의 지급을 책임지는 기간을 말합니다. 그리고 그 보험 기간이 종료되는 시점을 **만기**라고 합니다. **납입 기간**은 보험료를 내는 기간입니다. '납입 기간의 종료 시점'과 '만기(보험 기간의 종료 시점)'를 헷갈려하는 경우가 많습니다. 만약 30세 남성이 '20년 납, 80세 만기'의 보험에 가입했다면, 납입 종료 시점은 20년 후, 즉 50세이고, 보험 기간의 종료 시점인 만기는 50년 후인 80세입니다.

해약환급금, 만기환급금

계약자가 만기 전에 보험 계약을 해지(중도 해지)했을 때 돌려받는 돈을 **해약환급금**이라고 합니다. 만기 시에 돌려받는 돈은 **만기환급금**이라고 합니다.

실효, 부활

일정 기간 동안(통상 2개월) 보험료를 납부하지 않았을 시에 계약이 해지되는 것을 **실효**라고 합니다. 그리고 해지된 날로부터 일정 기간(현재 2년, 2016년 1월부터 3년) 이내에 연체 보험료와 소정의 이자를 납입할 경우 계약이 다시 효력을 갖게 되는데, 이를 **부활**이라고 합니다.

주계약, 특약

보험 계약의 근저를 이루는 계약을 **주主계약**(손해보험사의 경우 '기본계약'이라는 용어를 사용합니다), 거기에 추가하는 특별한 약정을 **특약**(특별 약관)이라고 합니다. 보험사들은 사망 보장을 주계약으로 하고 암, 수술, 입원 보장 등을 특약으로 더하는 보험 상품을 주로 개발·판매하고 있습니다.

일반적으로 주계약의 규모에 따라 특약의 크기가 결정됩니다. 이런 구조 때문에 암이나 수술 보장 등의 특약을 규모 있게 설계하고 싶은 소비자들은 원하든 원치 않든 간에 그에 맞춰서 주계약인 사망 보장의 규모를 키울 수밖에 없습니다. 이에 대해 보험사들의 "꼼수" 또는 "끼워 팔기"라는 지적이 계속 있어왔지만 아직까지 개선의 기미가 보이지 않습니다.

공보험, 사보험

보험의 운영 주체는 크게 공公과 사私, 즉 국가와 민간으로 구분할 수 있습니다. 전자가 운영하는 보험을 **공보험**, 후자가 운영하는 보험을 **사보험** 또는 민간보험이라고 합니다.

우리가 일상에서 한 데 묶어 '4대 보험'이라고 부르는 것들, 그러니까 건강보험과 국민연금, 고용보험과 산재보험이 바로 대표적인 공보험입니다. 공보험이 우리네 입에 오르내리는 경우는 극히 드뭅니다. 해당 보험들의 운영 기관이 배타적으로 정해져 있을 뿐만 아니라[2] 가입이 법률로 강제되어 있어 선택의 여지가 없기 때문입니다. 반면 사보험은 쉴 틈 없이 우리네 입에 오르내립니다. 가입이 강제되어 있지도 않을뿐더러 운영 기관인 보험사와 상품의 종류가 다양해서 여러 가지 선택지를 놓고 고민해야 하기 때문입니다.

이런 까닭에 우리가 일상적으로 "보험"이라고 부를 때는 대부분 사보험을 뜻합니다. 그런다고 해서 공보험과 헷갈릴 일은 없습니다. 그만큼 공보험은 사람들의 관심에서 거리가 멉니다. 따라서 이 책에서도 공보험이 등장하는 부분을 제외하고는 사보험을 "보험"
이라고만 부르도록 하겠습니다.

생명 보험, 손해 보험, 제3보험

보험은 크게 생명 보험과 손해 보험, 제3보험으로 나뉩니다. **생명 보험**은 사람의 사망 또는 생존을 사고로 하는 일체의 보험을 말합니다. 종신 보험이 가장 대표적입니다. **손해 보험**은 재물(물건)의 손해를 사고로 하는 모든 보험을 말합니다. 자동차 보험이 대표적입니다. **제3보험**은 생명 보험과 손해 보험의 중간에 위치한 보험입니다. 사람의 질병이나 상해, 장애를 사고로 합니다. 대표적인 상품으로는 암 보험이 있습니다. 생명 보험은 생명보험사가 판매하고, 손해 보험은 손해보험사가 판매하며, 제3보험은 두 보험사 모두 판매합니다.

유사 보험(공제)

유사 보험이란 조합이 운영하는 보험을 말하며, 보통 **공제**라고 부릅니다. 보험업법의 규정을 따르지 않기 때문에 엄밀히 따져 정식 보험은 아니지만 상품은 보험사들이 만든 것과 100퍼센트 일치합니다. 우체국과 새마을금고 등에서 판매하고 있습니다.

유사 보험은 보험료가 저렴하고 접근성이 좋아 인기가 상당합니다. 하지만 소비자를 보호하는 장치가 다소 미흡한 면이 있어 위험할 수 있습니다. 보험업법을 따르는 보험사들은 제3기관이자 (나름의) 전문 기관인 금융감독원이 관리·감독을 하는 데 반해 그렇지 않은 조합들은 아무래도 전문성이 떨어질 수밖에 없는 각 주무 부처가 관리·감독을 합니다. 새마을금고의 경우 주무 부처인 안전행정부의 새마을금고지원단이 관리·감독을 하는데 감사 인력이 고작 세 명에 불과해 올바른 감사가 이루어질지 의문입니다.[3] 다행히도 최근 시민단체와 국회를 중심으로 조합의 관리·감독을 강화해야 한다는 주장이 속속 나오고 있으므로 발전을 기대해봅니다.

저축성 보험

목돈이나 노후 생활 자금을 마련하기 위한 보험을 총칭해서 **저축성 보험**이라고 부릅니다. 연금 보험, 연금 저축 보험 등이 이에 해당합니다. 이에 대해서는 2장에서 자세히 다룹니다.

보장성 보험

사망, 상해, 입원 등과 같이 사람의 신체에 관하여 사고가 생겼을 때에 보험금을 지급하는 보험을 총칭해서 **보장성 보험**이라고 합니다. 암 보험, 건강보험 등이 이에 해당합니다. 만기환급금이 총 납입 보험료를 초과하지 않습니다. 가계가 보험에 가입하는 본래의 목적에 가장 가까운 보험입니다. 이에 대해서는 3장에서 자세히 다룹니다.

방카슈랑스

은행에서 보험을 파는 것을 일컬어 **방카슈랑스**bancassurance라고 합니다. 2003년 도입된 뒤 1차로 '저축성 보험', 2차로 '순수보장성 보험', 3차로 '환급형 제3보험'이 개방되었고, 2008년에는 4차로 '종신 보험 및 자동차 보험'의 개방이 예정되었지만 보험업계의 반발로 저지되어 지금까지 이어지고 있습니다.

사실 보험을 이해하는 데 있어서 방카슈랑스는 크게 중요한 개념은 아닙니다. 그러나 최근 방카슈랑스의 부작용이 좌시할 만한 수준을 넘어섰기에 지면을 할애하여 언급해봅니다. 은행원들이 실적 압박을 못 이겨 저축성 보험을 일반 저축, 즉 적금처럼 파는 일들이 이따금씩 벌어지고 있습니다. 보통 '비과세 복리 저축'이라며 권유하는데, 소비자들은 꼼짝없이 은행이 운용하는 일반 저축인 줄로만 알고 가입합니다. 하지만 이것은 일반 저축이 아니라 보험이기 때문에 원금을 잃을 수도 있으니 부디 이 점에 유념하시기 바랍니다. (속아서 가입한 보험의 기납입 보험료를 반환받는 방법은 4장을 참조해주세요.)

# 서랍 속에 잠자는 보험 증권을 깨워라

본인이 가입한 보험이 어떤 성격의 보험인지 모르는 사람들이 많습니다. 가입 당시 설명을 듣긴 했는데 용어와 개념이 익숙지 않아서 뒤돌아서자마자 잊어버리고 만 것입니다. 사실 몇 가지 용어만 알면 보험 증권(보험 계약의 성립과 그 내용을 증명하는 문서)에 적힌 상품명을 통해서 그 성격을 쉽게 파악할 수 있습니다. 증권 독해를 위한 관련 용어들을 정리해보았습니다.

유배당, 무배당

보험사는 보험 계약 기간 동안에 벌어질 각종 사고와 이자율 변동 등을 예측해 보험료를 산정합니다. 그때 보험사는 손해를 피하기 위해 예측을 최대한 보수적으로 하게 되고, 그 결과 보험료의 규모가 적정 수준 이상으로 커지게 됩니다. 추후 예측보다 사업이 더 잘되었거나 또는 사고가 적게 발생해 잉여금이 발생하면(예측을 보수적으로 했기에 특별한 경우가 아닌 한 항상 잉여금이 발생합니다) 그 잉여금을 보험 가입자에게 다시 돌려주는 보험을 유有배당 보험이라고 합니다. 반대로 잉여금이 생겨도 보험 가입자에게 돌려주지 않는 조건으로 보험료를 저렴하게 책정한 보험을 무無배당 보험이라고 합니다(유배당 보험은 잉여금을 주주와 가입자가 나누어 배당받는 구

조이고, 무배당 보험은 주주만 배당받는 구조입니다). 보험 증권 상품명
에는 보통 가장 앞머리에 '유배당' '무배당' 또는 '(유)' '(무)'로 배당
여부가 표시되어 있습니다.

요즘에는 보험사들이 유배당 상품을 거의 출시하지 않고 있습
니다. 이는 보험사들이 잉여금을 가입자와 나누지 않으려는 속셈
인 듯합니다. 따라서 보험 가입자 입장에서는 무배당 상품이 유배
당 상품보다 정말 저렴한지, 저렴하다면 대체 얼마나 저렴한지 확
인해볼 길이 없습니다.

변액

납입 보험료 중 일부를 주식이나 채권 등에 투자해 그 운용 실적
에 따라 보험금 및 해약환급금이 변하는 보험이 있습니다. 금액額
이 변變한다 하여 **변액變額 보험**이라고 부르는 보험입니다.

변액 보험의 특징은 다음과 같습니다. 첫째, 투자 성과에 따라
원금 손실이 발생할 수도 있고, 또는 더 많은 보험금이 발생할 수
도 있습니다. 둘째, 예금자보호법(각 금융 기관별로 예금자 1인당 예금
의 원리금 합계 5000만 원까지 보호해주는 법률)의 보호를 받지 못합니
다. 셋째, 자산 운용 형태를 가입자가 결정할 수 있습니다. 넷째,
별도의 자격(변액보험판매관리사)을 갖춘 사람(보험설계사)만이 판매
할 수 있습니다.

변액 보험은 2000년대 초·중반 펀드 투자가 유행하면서부터 널리 알려지기 시작했습니다. 일부 보험설계사들은 "장기 투자를 할 때 일반 펀드보다 더 높은 수익을 거둘 수 있다"며 재테크 수단으로 권하곤 합니다. 하지만 이러한 주장에는 근거가 전무할뿐더러 '원금의 전부가 투자되지 않는 점' 등을 제대로 설명치 않아 해약 과정에서 잡음이 끊이지 않고 있습니다. 이에 대해서는 2장에서 자세히 다룹니다.

유니버설

해약환급금의 일정 한도 내에서 보험료의 납입 정지, 중도 인출을 할 수 있거나 보험료를 추가로 더 납입할 수 있는 보험을 **유니버설**universal **보험**이라고 합니다. 일부 보험설계사들은 은행의 요구불 예금(일반 입출금 예금)처럼 "언제든지 입출금이 가능하다"고 설명하곤 하는데, 이는 사실과 다릅니다.

추가 납입(입금)은 보통 기납입 보험료(계약을 체결한 후 현재까지 납입한 보험료)의 2배로 제한되어 있고, 중도 인출(출금)은 해약환급금의 50퍼센트 정도를 최고 한도로 둡니다(이 밖에도 인출 후의 적립금 잔액이 500만 원 이상이어야 한다는 등의 추가적인 제약이 많습니다). 납입 정지 역시 보험료 납입이 어려울 때에는 언제고 계속 할 수 있는 것처럼 설명하곤 하지만, 보험료를 납입하지 않는 만큼 적립금이 차감되는 구조이기 때문에 그리 오랫동안 정지할 수는 없습니다. 요컨대 추가 납입을 제외한 중도 인출이나 납입 정지의 기능은 유명무실하다고 보면 됩니다.

정기

정기 보험은 사망 보험(피보험자 사망 시에 보험금이 지급되는 보험)의 일종입니다. 보험 기간 내에 피보험자가 사망하면 보험금 수익자(유족)에게 약속된 보험금을 지급해줍니다.

종신

종신 보험 역시 사망 보험의 일종입니다. 정기 보험과는 다르게 보험 기간을 한정하지 않습니다. 즉, 피보험자가 사망할 때까지(종신)를 보험 기간으로 합니다.

CI

CICritical Illness **보험**은 암, 심근경색, 5대 장기(심장, 신장, 간장, 폐장, 췌장) 이식 수술 등 고액의 치료비가 드는 '치명적 질병'이 발생했을 때 사망 보험금의 50~100퍼센트를 선지급하고, 사망 시에는 잔액(보험 가입 금액-선지급 금액)을 지급해주는 보험입니다. 주로 종신 보험의 형태로 판매되는데, 일반 종신 보험에 비해 설계사 수당이 좋아 현장에서 적극적인 영업이 이루어지고 있는 상품이기도 합니다. 하지만 보험사가 '치명적 질병'의 정의를 대단히 보수적으로 정하고 있는 터라 "보험금 받기가 하늘의 별 따기다" "죽기 직전까지 아파야만 보험금이 나온다" 등의 혹평이 쏟아지는 보험이기도 합니다. 유독 삼성생명만 CI라는 용어를 빼고 '리빙케어'라는 상품명으로 판매하고 있습니다.

상해, 재해

교통·낙상 사고 등의 '급격하고 우연한 외래의 사고'를 보장해주는 보험을 **상해 보험**이라고 합니다. 상해 보험은 손해보험사를 통해서만 판매가 이루어지고 있습니다. 생명보험사의 비슷한 상품으로는 **재해 보험**이 있습니다.

종합, 통합, 건강

사망, 입원, 수술, 암, 심근경색 등의 여러 보장을 하나로 묶은 보험을 **종합 보험**, 또는 **통합·건강 보험**이라고 합니다. 손해보험사의 상품에만 쓰는 용어입니다. 생명보험사는 사망 보장을 주계약으로 하는 종신 보험이나 정기 보험에 특약의 형태로 각종 보장을 더할 수 있기 때문에 이러한 용어를 사용할 필요가 없습니다.

이 밖에도 '적립' '저축' '치아' '암' '어린이' '키즈' '아이' '자녀' 등의 용어들이 있지만, 이런 용어들은 일반적으로 사용하는 의미와 다르지 않기에 따로 다루지는 않겠습니다.

그럼 이제 증권을 살펴보겠습니다.

생명 보험 증권

생명 보험의 상품명은 보통 다음과 같습니다.

(무)알리안츠변액유니버설종신보험

이를 용어별로 나눠보겠습니다.

<u>(무) 알리안츠 변액 유니버설 종신 보험</u>
 ①   ②   ③   ④   ⑤

회사명인 ②를 제외한 ①, ③, ④, ⑤를 보면 해당 보험의 성격을 금세 파악할 수 있습니다.

손해 보험 증권

손해 보험의 상품명은 보통 다음과 같습니다.

(무)LIG닥터플러스건강보험

이 역시 용어별로 나눠보겠습니다.

<u>(무)</u> LIG <u>닥터플러스</u> 건강 보험
　①　 ②　　③　　　　④

여기서 ②는 회사명이고 ③은 브랜드명입니다('현대 에쿠스'와 같은 식입니다). 이 둘을 제외한 ①과 ④를 보면 보험의 성격을 쉽게 파악할 수 있습니다.

단점이 장점을
뛰어넘는 저축성 보험

 저축성 보험으로 저축이 가능할까?

목돈이나 노후 자금을 마련하기 위한 보험을 총칭해 저축성 보험이라고 합니다. 저축성 보험은 크게 세액 공제 혜택을 받을 수 있는 **연금 저축 보험**과 이자소득세를 면제받을 수 있는 **연금 보험**으로 나뉩니다. 세액 공제 여부에 따라 전자를 '세제 적격 상품', 후자를 '세제 비非적격 상품'이라고 부르기도 합니다.

세제 적격 상품은 은행, 증권사, 보험사에서 판매합니다. 각각 연금 저축 신탁, 연금 저축 펀드, 연금 저축 보험이라고 불리며, 각 상품끼리 전환이 자유롭습니다. 누구나 가입할 수 있고, 동시에 여러 회사의 여러 연금 저축에 가입하는 것도 가능합니다. '5년 이상 유지, 55세 이후 연금 수령'이 세액 공제의 조건입니다.

가입한 모든 상품을 통틀어서 매년 1800만 원까지 저축할 수 있고, 납입한 금액 중 400만 원 한도로 최대 12퍼센트(지방소득세 미포함) 또는 15퍼센트(지방소득세 미포함)의 세액 공제를 받습니다(15퍼센트 대상자: 종합 소득 금액이 1000만 원 이하인 자 또는 근로 소득만 있는 경우 총 급여액이 5500만 원 이하인 자).[4] 예컨대 매월 20만 원씩 연금 저축에 납입했다면, 그해 연말정산에서 총 28만 8000원(20만 원×12개월×12퍼센트) 또는 36만 원(20만 원×12개월×15퍼센트)의 세금을 감면받는 식입니다.

세액 공제를 받는 대신에 연금 수령 시 3~5퍼센트의 연금소득세(지방소득세 미포함)[5]를 납부해야 합니다.[6] 중도 해지 시에는 감면받은 세금을 다시 반납해야 하고, 연금 외 수령 시에는 15퍼센트(지방소득세 미포함)의 기타소득세가 부과됩니다.[7] 참고로 보장성 보험은 납입 금액 중 100만 원까지 12퍼센트의 세액 공제를 받을 수 있습니다.[8]

세제 비적격 상품은 세액 공제 혜택이 없는 대신 10년 이상 유지 시 14퍼센트의 이자소득세(지방소득세 미포함)를 감면받습니다.[9]

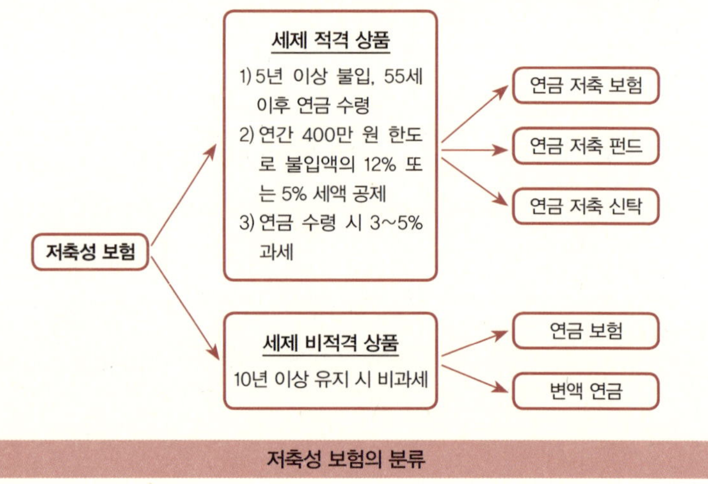

저축성 보험의 분류

저축성 보험의 대명사인 변액 유니버설 보험이 이에 해당합니다.

저축성 보험의 수수료 부과 체계

사실 종류나 혜택에 상관없이 저축성 보험은 현존하는 최악의 금융 상품 중 하나입니다. 바로 '가혹한 수수료 부과 체계' 때문입니다. 저축성 보험의 '1)보험료'는 예정 사망률 등에 의한 '2)순보험료'와 계약 관리 비용, 보험설계사의 수수료, 광고 등의 사업 운용을 위한 '3)부가 보험료(사업비)'로 구성되어 있습니다(보험료=순보험료+부가 보험료). 다시 2)순보험료는 사망 보험금의 재원이 되는 '2-1)위험 보험료'와 만기 또는 해지 시에 돌려줄 돈을 마련하기 위한 '2-2)저축 보험료'로 구성됩니다(순보험료=위험 보험료+저축

보험료). 또한 3)부가 보험료는 보험 계약과 모집 점포 운영에 직접적으로 관련된 비용을 위한 '3-1)신계약비'와 보험료 수금 등에 관련된 비용을 위한 '3-2)유지비'로 이루어져 있습니다(부가 보험료= 신계약비+유지비). 정리하면 아래의 그림과 같습니다.

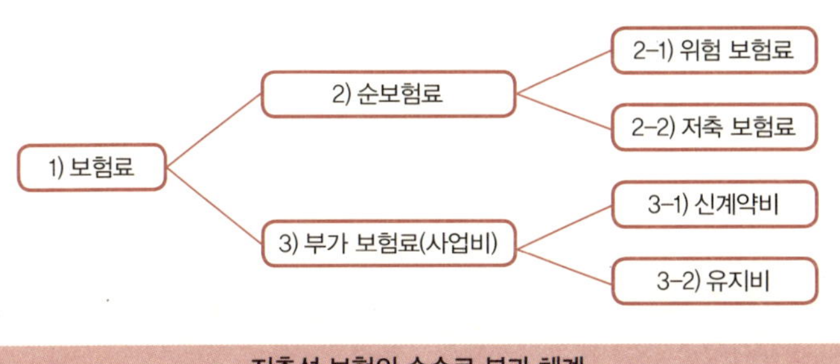

저축성 보험의 수수료 부과 체계

저축성 보험은 흔히 은행의 예·적금이나 증권사의 펀드와 비교됩니다. 그런데 독특하게도, 저축성 보험은 피보험자가 사망하면 수천만 원에서 수억 원의 사망 보험금을 지급해줍니다. 똑같은 저축(투자) 상품인데 보험사가 판매하는 상품에만 사망 보장의 기능이 있는 것입니다.

은행 = 저축(투자)

증권사 = 저축(투자)

보험사 = 저축(투자) + 사망 보험

그러나 '공짜 점심'은 없는 법입니다. 계약자가 납입하는 보험료에 '사망 보장을 위한 보험료'가 부과되는데, 그것이 바로 앞서 살펴본 **위험 보험료**입니다. 알고 보면 사망 보험 끼워 팔기인 것이지요. 또한 보험사는 타 금융사와는 다르게 보험설계사라는 특유의 영업 채널을 가지고 있습니다. 그들에게 지급해줄 각종의 지원금과 수당 등이 필요한데, 이를 충당하기 위해 추가로 부과하는 보험료가 바로 **부가 보험료**(사업비)입니다. 즉, 계약자가 납입한 보험료의 일부가 **위험 보험료**와 **신계약비**, **유지비**라는 이름의 수수료로 빠져나가고, 나머지 **저축 보험료**에만 이자 또는 투자 수익금이 붙는 상품이 바로 저축성 보험인 것입니다.

보험사는 이런 기형적인 수수료 부과 구조에 기대어서 보험료에서 위험 보험료와 신계약비, 유지비를 제외한 저축 보험료만을 '원금'이라고 주장합니다. 물론 계약자는 자신이 납입한 총 보험료를 '원금'이라 여기고요.

실제 상품을 통해서 더 자세한 내용을 살펴보겠습니다. 다음은 AIA생명의 '(무)스마트유니버설저축보험'의 수수료 안내표입니다.[10]

1) 기본 비용 및 수수료

(기준: 보험 가입 금액 2,000만 원, 남자 40세, 월납, 기본 보험료 20만 원, 80세 만기)

1~7년	8~10년	10년 이후
19.39%	16.26%	12.90%

구분	목적	시기	비용
보험 관계 비용	계약 체결 비용	매월	매월 7년 이내: 기본 보험료의 6.49% (12,980원)
			7년 초과~10년 이내: 기본 보험료의 3.36% (6,720원)
	계약 관리 비용	매월	보험료 납입 시: 기본 보험료의 12.90% (25,800원)
			보험료 미납 시: 기본 보험료의 4.00% (8,000원)
	위험 보험료	매월	기본 보험료의 0.90%~35.80% (1,800~71,600원)
해지 공제	해지에 따른 패널티	해지 시	※ 해지 공제 비용 도표 참조

※ 해지 공제 비용

경과 시점	1년	2년	3년	4년	5년	6년	7년	7년 이상
해지 공제 금액*(만 원)	60	50	40	30	20	10	–	–
해지 공제 비율	25%	10%	6%	3%	2%	1%	0%	0%

* 적립액에서 해지 시 공제하는 금액과 비율(이미 납입한 보험료 대비 해지 공제 금액)

2) 추가 비용 및 수수료

구분	목적	시기	비용
추가 납입 보험료	계약 유지·관리 비용	납입 시	추가 납입 보험료의 3.0%

AIA생명 (무)스마트유니버설저축보험 수수료 안내표

40세 남성 기준, 매월 20만 원의 보험료를 납입할 때 부과되는 수수료입니다. 보험료 20만 원 중에 1만 2980원이 계약 체결 비용(신계약비)으로, 2만 5800원이 계약 관리 비용(유지비)으로, 1800원

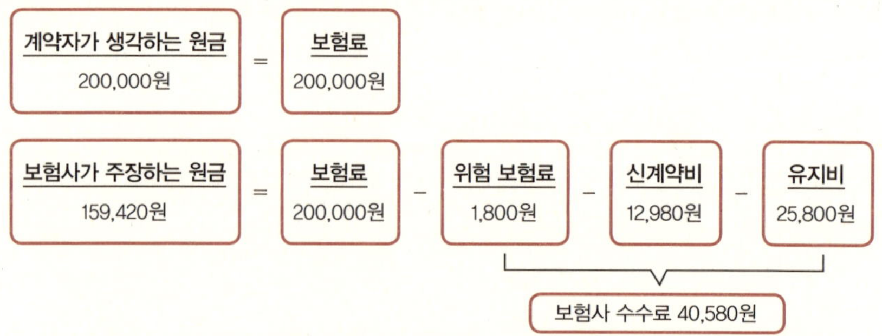

에서 7만 1600원이 위험 보험료로 빠져나갑니다. 위험 보험료를 최저 금액인 1800원으로 가정하면, 20만 원(계약자가 생각하는 원금)의 약 20퍼센트인 4만 580원이 수수료 명목으로 빠져나가는 셈입니다. 요컨대 AIA생명의 (무)스마트유니버설저축보험은 부리附利 전부터 무려 −20퍼센트의 수익률을 기본으로 하는 얼토당토않은 내용의 금융 상품입니다.[11]

지금 살펴본 AIA생명의 (무)스마트유니버설저축보험만이 아니라 모든 저축성 보험은 그 종류를 막론하고 일반적으로 10퍼센트 이상의 수수료를 떼어갑니다. 수수료가 그 정도라면 보험설계사들이 저축성 보험을 권유하며 강조하는 세액 공제나 비과세 등의 혜택은 사실상 아무런 의미도 없습니다. 단점이 장점을 뛰어넘고도 남는 것이지요.

저축성 보험의 해약환급금은 왜 이리 형편없을까?

보험료에서 10~20퍼센트씩 수수료를 떼어가는 것을 감수한다 하더라도 저축성 보험은 해약환급금이 굉장히 적기로 유명합니다. 왜일까요? **미상각 신계약비**라는 부가적인 수수료 때문입니다.

보험사는 보통 7년에 걸쳐서 초기에 사용한 신계약비를 거둬들입니다. 바꿔 말해 소비자가 7년을 유지하지 않고 상품을 해지하면, 보험사는 이미 사용한 신계약비를 전부 회수할 수 없게 되는 것입니다. 이를 방지하기 위해 보험사는 유지 기간이 7년 미만인 저축성 보험을 해지할 시에는 그 미상각未償却된 신계약비를 한꺼번에 거둬들입니다.

그럼 그 규모는 얼마가 될까요? 앞서 살펴본 AIA생명의 (무)스마트유니버설저축보험 수수료 안내표에 해당 사항이 '해지 공제'라는 이름으로 명시되어 있습니다. 1년차 해지 시에는 이미 납입한 보험료(총 보험료)에서 60만 원을, 2년 이내 해지 시에는 50만 원을, 3년 이내 해지 시에는 40만 원을 공제한다고 쓰여 있네요. 다른 저축성 보험도 이와 크게 다르지 않습니다.

변액 유니버설 보험을 10년 이상 유지하면 펀드보다 낫다고?

보험설계사들이 변액 유니버설 보험과 펀드의 수수료를 비교하며 "10년 이상 유지 시에는 변액 유니버설 보험이 펀드보다 낫다"라고 이야기하는 것을 많이 들어보셨을 겁니다.[12] 과연 근거가 있는 소리일까요?

사실 이 말은 금융 수수료에 대한 이해가 부족한 햇병아리 보험설계사들이 뭘 잘 모르고 하는 소리입니다. 나중에 땅을 치고 후회할 큰일 날 소리를 고객들에게 하는 것이지요. 까닭을 살펴보겠습니다.

앞에서 살펴본 AIA생명의 (무)스마트유니버설저축보험 수수료 안내표를 보면, 보험사가 계약 체결 비용(신계약비)을 10년간 거둬들인다는 것을 알 수 있습니다. 10년이 지나면 바로 이 부분이 사라지는 것입니다.

이를 근거로 보험설계사들이 변액 유니버설 보험을 10년 이상 유지하면 펀드보다 수수료가 월등히 낮다고 주장하는 것인데요, 애석하게도 10년 이후로도 계약 관리 비용(유지비)과 위험 보험료는 계속 부과될뿐더러 해당 명목의 사업비는 펀드에는 아예 존재하지도 않는 항목입니다.

간혹 여기에서 한 발 더 나아가 "펀드에는 운용 관리를 위한 '수탁 보수'와 운용에 따른 '운용 보수' 등의 수수료가 있다"고 항변하는 보험설계사도 있습니다. 그러나 이들 수수료는 변액 유니버설 보험에 편입되어 있는 펀드에도 어김없이 부과되는 수수료입니다. 결국 이 또한 잘 몰라서 하는 소리인 것이지요.

그리고 상장 및 등록 주식의 매매 차익에는 이자소득세가 부과되지 않기 때문에(일반 펀드는 대부분의 수익을 주식 매매 차익에서 얻습니다) "변액 유니버설 보험을 10년 이상 유지하면 이자소득세가 부과되지 않아 펀드보다 더 낫다"라는 말도 성립되지 않습니다.

한편으로는 "추가 납입하는 보험료에는 상대적으로 적은 사업비가 부과되기 때문에 보험료를 추가 납입하면 수수료를 아주 적게 내면서 저축성 보험을 이용할 수 있다"는 식으로 영업을 하기도 합니다.

이에 대한 사항은 앞서 살펴본 AIA생명의 (무)스마트유니버설 저축보험 수수료 안내표의 '추가 비용 및 수수료' 항목에 명시돼 있습니다. 추가 납입하는 보험료에는 3퍼센트의 수수료(사업비)를 뗀다고 적혀 있네요. 그리고 해당 상품의 약관은 추가 납입 보험료의 납입 한도를 다음과 같이 규정하고 있습니다.

수시 추가 납입 보험료: 보험료 납입 기간 중 수시로 납입하는 추가 납입 보험료를 말하며, 수시 추가 납입 보험료의 한도는 다음과 같습니다.

- 1회 납입 가능한 수시 추가 납입 보험료 한도 = 해당 월까지 납입한 기본 보험료(선납 보험료 포함) 총액의 200퍼센트 − 이미 납입한 추가 납입 보험료(수시 및 월 추가 납입 보험료 포함)의 합계

약관에 따르면 보험료 납입 총액의 2배를 한도로 보험료를 추가로 납입할 수 있습니다(일반적인 보험료 추가 납입 한도도 이와 같습니다). 만약 저 한도를 모두 채워 추가 납입한다면, 약정 보험료 20만 원에, 추가 보험료 40만 원을 더 납입할 수 있는 셈입니다. 그렇게 되면 약정 보험료 20만 원에만 약 20퍼센트 요율의 사업비가 적용되고, 나머지 40만 원에는 3퍼센트 요율의 사업비가 적용되기 때문에 사업비 평균 요율은 약 8.7퍼센트, 처음의 절반 이하로 줄어들게 됩니다. 많은 보험설계사가 이를 무슨 대단한 기술이나 비법

처럼 설명하곤 하는데, 그래 봐야 '저축성 보험의 수수료가 너무나도 비싸다'는 사실은 변하지 않습니다.

정리하자면 이렇습니다. 저축성 보험에 어떠한 요행을 부려도, 또 변액 유니버설 보험을 제아무리 오래 유지한다 해도 펀드나 예·적금보다 수수료가 월등히 저렴해지는 일은, 아니 비교할 만한 수준에까지라도 이르는 일은 결코 없습니다.

어떻게 해야 할까?

이제 저축성 보험에 대한 결론입니다. '보험으로 저축이 가능하다'라는 생각은 아예 버려야 합니다. 감히 단언할 수 있습니다. 보험설계사들이 저축성 보험에 가입시키기 위해 펼치는 주장은 거의 대부분이 거짓입니다. 만약 이미 보험설계사로부터 거짓 안내를 받아(예컨대 사업비에 대한 설명을 듣지 못한 것도 이에 해당합니다) 저축성 보험에 가입한 상태라면, 보험사와 금융감독원에 적극적으로 민원을 제기하여 원금은 물론 이자까지 모두 반환받으셔야 합니다. 이에 관한 내용은 4장에서 다루도록 하겠습니다.

또한 세제 적격 상품(연금 저축)의 가입을 고려하고 있다면 연금 저축 신탁, 연금 저축 펀드, 연금 저축 보험이라는 세 가지의 선택지 중에서 '연금 저축 보험'이라는 선택지는 아예 머릿속에서 지우시길 바랍니다. 혹시 이미 연금 저축 보험에 가입했다면 4장을 참고해 민원을 제기하거나 연금 저축 신탁 또는 연금 저축 펀드로 이전하셔야 합니다.

꼼꼼하게 따져야 돈이 되는
보장성 보험

죽거나 병들거나 다쳤을 때 보험금을 지급받는 보험을 보장성 보험이라고 합니다. 우리가 주변 사람들에게 "보험 가입했어?"라는 질문을 받았을 때 가장 먼저 떠올리는 바로 그 보험입니다. 보통 "아프거나 다치면 보장해주는 보험"이라고 표현하는데, 엄밀히 따져보면 이는 정확한 표현이 아닙니다. 보장성 보험을 정확히 표현하자면 다음과 같습니다. "신체적 손해(사망, 질병, 상해)에 의한 금융적 손해를 보상해주는 보험."

병들거나 다치는 것, 즉 신체적 손해를 '1차적 위험'이라고 규정한다면, 그에 따른 의료비 등의 금융적 손해는 '2차적 위험'이 됩니다. 우리는 이 2차적 위험을 헤지hedge하기 위해 보장성 보험에 가입합니다(보험사가 계약자에게 건네는 것은 결국 '돈'이지요). 이를 정리하면 아래와 같습니다.

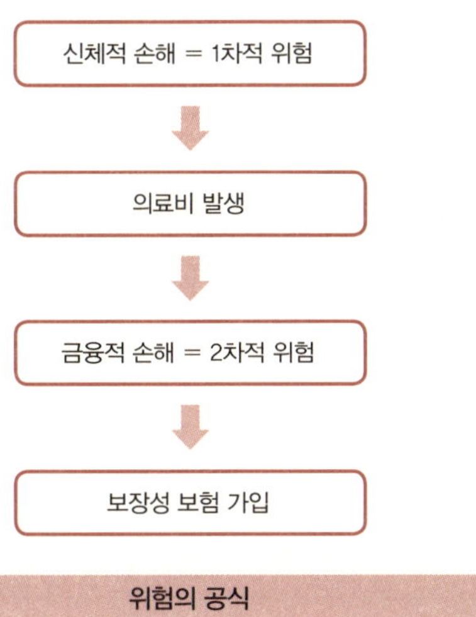

 ## 내가 아는 "병원비"는 병원비가 아니다?

보장성 보험을 이해하기 위해서는 먼저 병원비(진료비)의 개념부터 확실하게 정리해야 합니다. "병원비가 많이 나왔어" "병원비가 걱

정이야" "병원비는 어쩌지?" 등등에서처럼 일상에서 쓰는 병원비라는 단어는 병원에서 발생하는 진찰료와 입원료, 식대비 등을 모두 더한 '총 진료비'와는 또 다른 개념입니다. 어찌된 영문인지 살펴보겠습니다.

총 진료비는 크게 '건강보험급여(요양급여)' 부분과 '비급여' 부분으로 나뉩니다(국민기초생활보장 수급권자 등을 위한 '의료급여'는 이 책에서 다루지 않습니다).

건강보험급여(요양급여)	비급여

왼쪽의 건강보험급여(요양급여) 부분은 공보험인 국민건강보험(이하 건강보험)이 보장해주는 부분입니다. 오른쪽의 비급여 부분은 건강보험이 보장해주지 않는 부분입니다. 대표적인 비급여 항목으로는 선택진료비, 미용 목적의 성형수술 비용, 상급병실료 등이 있습니다. 건강보험급여(요양급여) 부분은 다시 '본인 부담금'과 '보험자 부담금'으로 나뉩니다.

① 본인 부담금	
② 보험자 부담금	③ 비급여

이 중 환자가 부담하는 영역은 별색으로 표시된 본인 부담금과 비급여입니다. 보험자 부담금은 건강보험이 부담합니다. 이는 병원에서 발급해주는 진료비 계산서·영수증을 통해 쉽게 확인할 수 있습니다.

그럼 진료비 계산서·영수증을 한번 살펴보겠습니다(집에 진료비 영수증이 있다면 비교하며 확인해보세요). 다음 쪽의 진료비 계산서·영수증에서 별색 굵은 글씨 부분을 주의 깊게 살펴보면 됩니다.

우리가 일상에서 "병원비"라고 부르는 것의 정체는 '진료비 총액(①+②+③)'이 아닌 '환자 부담 총액(①+③)', 다시 말해 '총 진료비 중에서 환자가 부담하는 진료비'입니다. 따라서 "병원비가 많이 나왔어"라는 한숨 섞인 말의 정확한 뜻은 다음과 같습니다. "총 진료비에서 건강보험이 보장해주는 부분 중 보험자 부담금을 제외한 나머지 진료비, 즉 본인 부담금과 비급여가 많이 나왔어."

환자 등록 번호	환자 성명	진료 기간	야간(공휴일) 진료

진료 과목	질병균(DRG) 번호	병실	환자 구분	유형 보조	영수증 번호 (일련 번호)

	항목	요양급여	③비급여	금액 정산 내역	
필수 항목	진찰료			진료비 총액 (①+②+③)	
	예약진찰료				
	입원료			환자 부담 총액 (①+③)	
	식대				
	투약 및 조제료				
	주사료				
	마취료				
	처치 및 수술료				
	검사료				
선택 항목	정신요법료				
	초음파 진단료				
	CT 진단료				
	MRI 진단료				
	PET 진단료				
	기타				
계		①+②	③		
①본인 부담금					
②보험자 부담금					

진료비 계산서·영수증

병원비를 보장해 주는 실손형 보험과
상실된 소득을 보장해 주는 정액형 보험

보장성 보험은 보험금 지급 방식에 따라서 크게 실손형實損形 보험과 정액형定額形 보험으로 나뉩니다. **실손형 보험**(정식 명칭은 '실손 의료비 보험')은 개인이 병원이나 약국 등에서 실제로 쓴 돈(환자 부담 총액)의 80~90퍼센트를 5000만 원 한도 내에서 보상해주는 보험입니다(이는 정확한 표현은 아닌데, 뒤에서 자세히 다루겠습니다). 만약 가입자가 부담하는 10~20퍼센트가 '계약일 또는 매년 계약 해당일로부터 연간 200만 원'을 초과한다면 그 초과 금액에 한해서는 전액(100퍼센트) 보상해줍니다.

원래 실손형 보험은 손해보험사에서만 판매하던 상품이었습니다. 그러던 것이 2008년부터 생명보험사에서도 판매가 허가되어 현재에는 생명보험사, 손해보험사 구분 없이 판매가 이루어지고 있습니다. 다만 생명보험사의 상품이 손해보험사의 상품에 비해 비싼 경향이 있는데, 이는 상품 운용 경험의 부족에서 오는 과도기적 현상으로 보입니다.

정액형 보험은 계약 당시에 약속한 보험금만을 지급하는 보험입니다. 가령 "암 진단 시 3000만 원 지급"을 약속하는 보험 계약이라면, 해당 보험 사고 발생 시(암 진단 시)에 약속된 보험금(3000만 원)을 지급해줍니다.

보장 범위

실손형 보험은 '포괄적' 보장 방식을 취하고 있습니다. 반면 정액형 보험은 '열거적列擧的' 보장 방식을 취하고 있습니다. "약관에 적혀 있는 이러저러한 것들을 제외한 나머지를 모두 보장해준다"고 약속하는 것이 실손형 보험이라면, "약관에 적혀 있는 이러저러한 것들만 보장해준다"고 약속하는 것은 정액형 보험입니다. 어구漁具에 비유하자면 실손형 보험은 '그물'이고, 정액형 보험은 '작살'입니다(실손형 보험이 보장하지 않는 사항은 부록에 따로 정리해두었습니다).

목적

실손형 보험은 '실제 발생한 비용의 손해를 보상하는 것'을 목적으로 합니다. 때문에 중복 가입에 의한 금전적 이득이 허락되지 않습니다(이를 '이득 금지의 원칙'이라고 합니다). 따라서 보험사는 다수의 실손형 보험에 가입한 중복 가입자에게는 각 상품별 보상책임액[13]에 비례한 만큼의 보험금만을 지급해줍니다.[14]

가령 A라는 사람이 2개의 실손형 보험에 가입했고 그 2개의 실손형 보험 내용이 같다면, A가 각 보험사에 100만 원씩의 보험금을 청구해도 각 보험사는 100만 원을 1:1로 똑같이 나누어서 50만 원씩만 지급해줍니다.

그러나 정액형 보험은 '사망, 질병 또는 재해에 의한 임금 상실 등을 보상해주는 것'을 목적으로 하기 때문에 보험사는 중복 가입 여부를 따지지 않고 각 상품별로 약속된 보험금을 모두 지급해줍니다. 가령 A가 각 보험사에 100만 원씩의 보험금을 청구한다면 각 보험사는 100만 원씩 보험금을 지급해줍니다.

성격

실손형 보험은 의료적 성격의 보험입니다. 앞서 우리는 총 진료비의 세 가지 구성 요소를 살펴봤습니다. 실손형 보험은 그중에서 건강보험이 보장해주지 않는 나머지 영역, 즉 본인 부담금과 비급여 부분(일상에서 말하는 "병원비")을 보장해줍니다.

정액형 보험은 금융적 성격의 보험입니다. 생계를 책임지는 가장이 위중한 사고나 병을 만나(혹은 사망하게 되어) 수익 활동이 중단되면(즉, 수입이 끊기면)[15] 재산이 별로 없는 보통 가계는 급격한 재무적 위험에 노출되기 마련입니다. 정액형 보험은 바로 이러한 사태를 대비한 보험입니다. 보험 사고가 발생하게 되면 미리 약속된 보험금을 지급받아 생활비 등을 보전하는 것이지요. 이런 이유로 정액형 보험 상품은 암, 뇌출혈과 같은 큰 질병들에 대한 보장 위주로 개발되어 있습니다.

구분	실손형 보험	정액형 보험
보험 목적	실제 발생한 비용의 손해를 보상	소득 상실 등을 보상
보장 범위	포괄주의(보장하지 않는 항목 열거)	열거주의(보장하는 항목 열거)
보험금 지급 방식	일정 한도 내에서 실제로 부담한 금액	계약 당시에 약정한 금액
다수 계약 처리	각 계약의 지급액 합이 실제로 부담한 금액을 초과하지 않도록 비례보상	중복에 관계없이 각 계약의 약정 금액을 보상
성격	의료적	금융적

실손형 보험과 정액형 보험의 주요 특징 비교

 신체적 손해에 따른 구체적 위험의 공식

실손형 보험과 정액형 보험을 알아봤으니 이제 '위험의 공식'을 다음과 같이 세분화해볼 수 있겠습니다.

신체적 손해(1차적 위험)는 '의료비 발생' 및 '실직 또는 사망'이라는 두 개의 서로 다른 방향으로 따로 또는 동시에 나아갑니다. ①의 흐름이 앞에서 살펴본 위험의 공식입니다(①의 흐름은 의료적 성

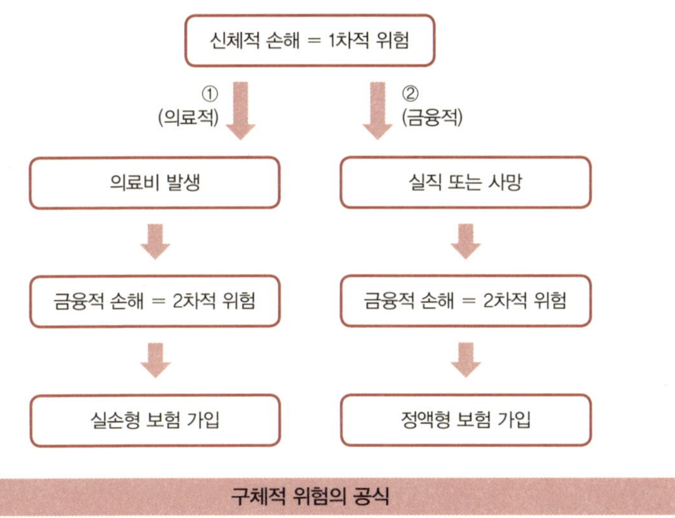

격을 띱니다). 여기에 ②의 흐름을 더하면 '구체적 위험의 공식'이 됩니다(②의 흐름은 금융적 성격을 띱니다). 우리는 이 구체적 위험의 공식을 통해서 우리가 대비해야 하는 손해와 위험의 정체가 무엇인지, 그리고 그것들을 헤지하기 위한 성격의 보장성 보험은 과연 무엇인지 가시적으로 파악할 수 있습니다.

 ## 한 개만 가입해도 충분한 실손형 보험

실손형 보험은 독립 가입 가능 여부에 따라서 특약(특별 약관)형과

단독형으로 나뉩니다. 사망, 후유장애 등을 보장해주는 정액형 보험에 추가로 실손형 보험을 더한 상품(정액형 보험 + 실손형 보험)을 **특약형 실손 보험**이라고 하고, 사망 보장 등의 다른 정액형 보험 없이 독립적으로 실손형 보험만 가입할 수 있는 상품은 **단독형 실손 보험**이라고 합니다.

얼마 전까지만 해도 특약형 실손 보험만 판매되었습니다. 실손형 보험에 가입하기 위해서는 원치 않는 다른 정액형 보험도 같이 가입해야 했던 것이지요. 그리하여 "끼워 팔기"라는 비난이 끊이지 않았고, 이를 해소하기 위해 2013년 1월부터 단독형 실손 보험이 판매되기 시작했습니다.

또한 특약형·단독형 실손 보험은 입원의료비의 보상 비율(80~90퍼센트)과 항목(병원의 급)별 공제 금액의 차이에 따라서 다시 표준형과 선택형으로 나뉩니다. 입원의료비의 보상 비율이 80퍼센트인 것은 표준형, 90퍼센트인 것은 선택형입니다. 이에 대해서는 뒤에서 자세히 다루도록 하겠습니다.

이 밖에 75세까지 가입 가능한 '노후 실손형 보험(정식 명칭은 노후실손의료비보험)'이라는 상품도 있습니다(일반 실손형 보험은 65세까

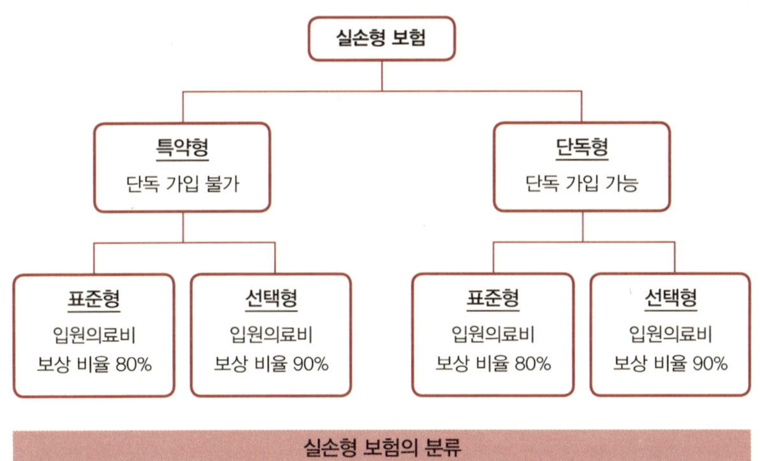

실손형 보험의 분류

지 가입할 수 있습니다). 보상 한도가 '입·통원 합산 1억 원, 통원 1회 100만 원'으로, 일반 실손형 보험(입원 5000만 원 한도, 통원 1회 30만 원 한도)보다 높습니다. 그러나 그만큼이나 공제 금액 또한 더 높고(환자 부담 총액에서 입원 30만 원, 통원 3만 원을 공제한 후 거기에 다시 급여 항목은 20퍼센트, 비급여 항목은 30퍼센트를 공제한 금액을 보상해줍니다) 가입이 제한적이라서 세간의 평가가 박합니다.

보상 내용

실손형 보험의 보상 내용은 크게 상해(보험 기간 중 발생한 급격하고 우연한 외래의 사고)와 질병으로 나뉘고, 다시 '상해 입원·통원'과 '질병 입원·통원'으로 나뉩니다.

구분		보상 내용
상해	상해 입원	피보험자가 상해로 인하여 병원에 입원하여 치료받은 경우
	상해 통원	피보험자가 상해로 인하여 병원에 통원하여 치료받거나 처방조제를 받은 경우
질병	질병 입원	피보험자가 질병으로 인하여 병원에 입원하여 치료받은 경우
	질병 통원	피보험자가 질병으로 인하여 병원에 통원하여 치료받거나 처방조제를 받은 경우

실손형 보험의 보상 내용

증권에는 상해·질병 통원이 '상해·질병 외래'(입원하지 않고 병원에 다니면서 치료받는 것)와 '상해·질병 처방조제'로 따로 분리되어 명기되기 때문에(보통 "상해 통원 의료비[외래]" "상해 통원 의료비[처방조제]"와 같은 식으로 적습니다) 엄밀히 말하면 여섯 개의 보상입니다. 다음의 그림에서 별색 상자 안의 보상 내용이 증권에 명기됩니다.

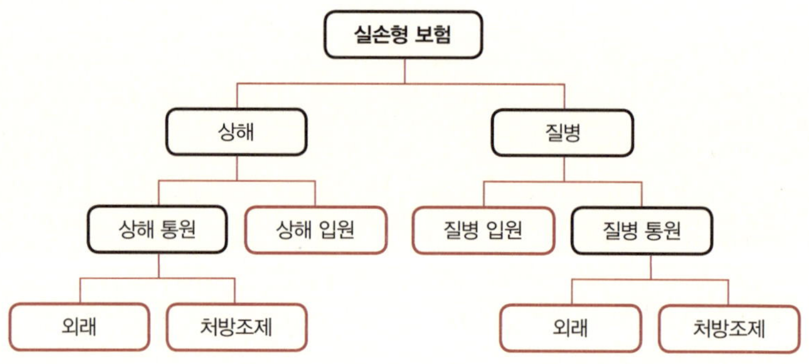

- 독립 가입 가능 여부에 따라 '단독형' 또는 '특약형'으로 분류
- 입원의료비의 보상 비율(80~90%)'과 '항목(병원의 급)별 공제 금액'의 차이에 따라서 '표준형'과 '선택형'으로 분류

- 선택형은 상해·질병 입원의료비 90% 보상
- 선택형 상해·질병 처방조제비 공제 금액: 처방전 1건당 8,000원
- 선택형 상해·질병 외래진료비 공제 금액: 의원급[16] → 10,000원
  병원급[17] → 15,000원
  종합전문요양기관급[18] → 20,000원

- 표준형은 상해·질병 입원의료비 80% 보상
- 표준형 상해·질병 처방조제비 공제 금액: 처방전 1건당 8,000원과 보상 대상 의료비의 20% 중 큰 금액
- 표준형 상해·질병 외래진료비 공제 금액:
  의원급 → 10,000원과 보상 대상 의료비의 20% 중 큰 금액
  병원급 → 15,000원과 보상 대상 의료비의 20% 중 큰 금액
  종합전문요양기관급 → 20,000원과 보상 대상 의료비의 20% 중 큰 금액

실손형 보험의 보상 내용

상해·질병 통원에 대해서는 외래진료비와 처방조제비를 합쳐 30만 원 한도 내에서 아래 표의 공제 금액을 제외한 나머지 금액을 전액 보상해줍니다. 상해·질병 통원의료비 30만 원의 한도는 상

표준형	상해·질병 외래진료비 공제 금액	의원급: 10,000원과 보상 대상 의료비의 20% 중 큰 금액 병원급: 15,000원과 보상 대상 의료비의 20% 중 큰 금액 종합전문요양기관급: 20,000원과 보상 대상 의료비의 20% 중 큰 금액
	상해·질병 처방조제비 공제 금액	처방전 1건당 8,000원과 보상 대상 의료비의 20% 중 큰 금액
선택형	상해·질병 외래진료비 공제 금액	의원급: 10,000원 병원급: 15,000원 종합전문요양기관급: 20,000원
	상해·질병 처방조제비 공제 금액	처방전 1건당 8,000원

해·질병 외래진료비 25만 원과 상해·질병 처방조제비 5만 원으로 나눠 설계하는 것이 일반적입니다.

실손형 보험은 1년 납, 1년 만기의 갱신(기간 연장)형 상품입니다. 가입자가 보험사에 해지 의사를 전하지 않으면 1년(계약 해당일)마다 자동으로 갱신됩니다. 갱신 시 보통 10퍼센트가량의 보험료가 인상됩니다. 보험사는 "의료비 상승률을 반영한 것"이라고 하지만 소비자 입장에서는 아무래도 석연치 않은 것이 사실입니다. 의료비가 매년 10퍼센트씩이나 오르지는 않을 테니까요. 보장 기간은 최대 100세까지이고, 보상 내용 변경 주기는 최대 15년 내에서 보험사가 자율적으로 결정할 수 있습니다. 현재는 모든 보험사가 15년을 보장해주고 있습니다.

이러한 내용이 증권에는 "1년 납, 1년 만기, 갱신 종료: 15년"과 같은 식으로 명기되어 있습니다. 많은 가입자가 "갱신 종료: 15년"이라는 문구 앞에서 어리둥절해하며 이렇게 묻습니다. "15년이 지나면 갱신되지 않는 겁니까?" 물론 그런 뜻은 아닙니다. 응당 100세까지 갱신 가능합니다. 다만 '15년 후에는 기존의 보상 내용을 중단하고 새로운 보상으로 재가입할 수 있다'는 뜻입니다.

한편 보험사는 이전 보장 기간 15년 내에 피보험자가 질병에 걸렸다 하더라도 기존의 보상 내용을 그대로 유지하는 보험 계약에 한해서는 '갱신 거절 및 가입 거절권'을 행사할 수 없습니다. 하지만 새로운 보상에 대해서는 가입 거절권을 행사할 수 있습니다.[19]

보상 내용 심화: 상해·질병 입원

하나, 보험사는 피보험자가 상해 또는 질병으로 병원에 입원하여 치료받은 경우 입원의료비(환자 부담 총액)에 대해 '하나의 상해 또는 질병'당 5000만 원을 한도로 그 금액의 80~90퍼센트(표준형 80퍼센트, 선택형 90퍼센트)를 보상해줍니다. 단, 10~20퍼센트에 해당하는 금액이 계약일 또는 매년 계약 해당일로부터 연간 200만 원을 초과하는 경우에는 그 초과 금액을 전액 보상해줍니다.

여기서 '하나의 질병'이란 발생 원인이 동일한 질병(의학상 중요한 관련이 있는 질병 포함)을 말합니다. 즉, 동일한 질병으로 2회 이상 치료받은 경우에는 이를 하나의 질병으로 봅니다. 마찬가지로 동일한 상해로 2회 이상 치료받은 경우에도 이를 하나의 상해로 봅니다. 또한 '질병의 치료 중에 발생된 합병증' 그리고 '새롭게 발견된 질병의 치료가 병행되거나 의학상 관련이 없는 여러 종류의 질병을 갖고 있는 상태에서 입원한 경우'에도 그 질병들을 하나의 질병으로 간주합니다.

둘, 피보험자가 기준 병실(건강보험 환자의 입원 시 적용 기준이 되는 병실, 즉 일반 병실)이 아닌 다른 병실에 입원했을 경우 '하나의 상해 또는 질병'당 5000만 원을 한도로 실제 사용 병실과 기준 병실과의 병실료 차액에서 50퍼센트를 공제한 금액 중 80~90퍼센트(표준형 80퍼센트, 선택형 90퍼센트)를 보상해줍니다. 단, 1일 평균 금액 10만 원을 한도로 하며, 1일 평균 금액은 입원 기간 동안 상급 병실료 차액 전체를 총 입원일 수로 나누어 산출합니다.

셋, 피보험자가 건강보험 등에 가입되어 있지 않은 경우에는 입원의료비 중 본인이 실제로 부담한 금액의 40퍼센트를 하나의 상해·질병당 5000만 원을 한도로 80~90퍼센트(표준형 80퍼센트, 선택형 90퍼센트)까지 보상해줍니다.

넷, 하나의 상해나 질병으로 인한 입원의료비를 최초 입원일로부터 365일까지(최초 입원일 포함) 보상해줍니다(2016년 가입자부터는 보험금이 보장 한도에 도달할 때까지는 기간에 관계없이 계속 보상해줄 예정입니다). 단, 하나의 상해나 질병으로 인하여 최초 입원일로부터 365일 넘게 입원할 경우에는 다음의 표와 같이 90일간의 '보상 제외 기간'이 지나거나, 하나의 상해나 질병으로 인한 입원이라도 입

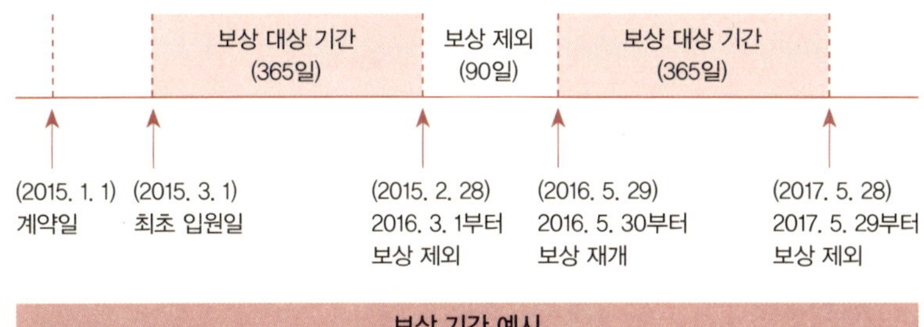

원의료비가 지급된 최종 입원의 퇴원일로부터 180일이 경과하여 동일한 사유로 재입원한 경우에는 최초 입원한 것과 동일한 기준으로 다시 보상해줍니다.

다섯, 피보험자가 입원하여 치료받던 중에 보험 기간이 끝나더라도 그 계속 중인 입원에 대해서는 보험 기간 종료일로부터 180일까지는(보험 기간 종료일 제외) 보상해줍니다. 물론 여기에는 앞의 넷째 사항이 적용되지 않습니다. 단, 동일 회사 계약의 자동 갱신 또는 재가입의 경우에는 종전 계약의 보험 기간 연장으로 간주하여 넷째 사항이 적용됩니다.

보상 내용 심화: 상해·질병 통원

하나, 보험사는 피보험자가 상해 또는 질병으로 병원에 통원하여 치료받거나 처방조제를 받은 경우 매년 계약 해당일로부터 1년

단위로 다음의 표와 같이 외래진료 및 처방조제 비용을 각각 보상해줍니다.

구분	보상 한도
외래진료비	방문 1회당 본인 부담금과 비급여의 합계액(환자 부담 총액)에서 항목(병원의 급)별 공제 금액*을 차감하고, 외래의 보험 가입 금액**을 한도로 보상(매년 계약 해당일로부터 1년간 방문 180회 한도)
처방조제비	처방전 1건당 본인 부담금과 비급여의 합계액(환자 부담 총액)에서 항목(병원의 급)별 공제 금액*을 차감하고, 처방조제비의 보험 가입 금액***을 한도로 보상(매년 계약 해당일로부터 1년간 처방전 180건 한도)

* 항목(병원의 급)별 공제 금액
표준형 상해·질병 외래진료비 공제 금액: 의원급 → 10,000원과 보상 대상 의료비의 20% 중 큰 금액
병원급 → 15,000원과 보상 대상 의료비의 20% 중 큰 금액
종합전문요양기관급 → 20,000원과 보상 대상 의료비의 20% 중 큰 금액
표준형 상해·질병 처방조제비 공제 금액: 처방전 1건당 8,000원과 보상 대상 의료비의 20% 중 큰 금액
선택형 상해·질병 외래진료비 공제 금액: 의원급 → 10,000원
병원급 → 15,000원
종합전문요양기관급 → 20,000원
선택형 상해·질병 처방조제비 공제 금액: 처방전 1건당 8,000원

** 외래진료비의 보험 가입 금액: 회당 합산하여 30만 원을 최고 한도(30만 원 한도＝외래진료비＋처방조제비)로 계약자가 정하는 금액으로 합니다(예: 외래진료비 25만 원, 처방조제비 5만 원).

*** 처방조제비의 보험 가입 금액: 건당 합산하여 30만 원을 최고 한도(30만 원 한도＝외래진료비＋처방조제비)로 계약자가 정하는 금액으로 합니다(예: 외래진료비 25만 원, 처방조제비 5만 원).

외래진료비와 처방조제비 보상 한도

둘, 피보험자가 통원하여 치료받던 중에 보험 기간이 끝나더라도 계속 중인 통원 치료에 대해서는 다음의 표와 같이 보험 기간 종료일로부터 180일 이내에 외래진료비는 방문 90회, 처방조제비는 처방전 90건을 한도로(추가) 보상해줍니다. 단, 동일 회사 계약의 자동 갱신 또는 재가입의 경우에는 종전 계약의 보험 기간 연장으로 간주하여 앞의 첫째 보상 내용을 준용합니다.

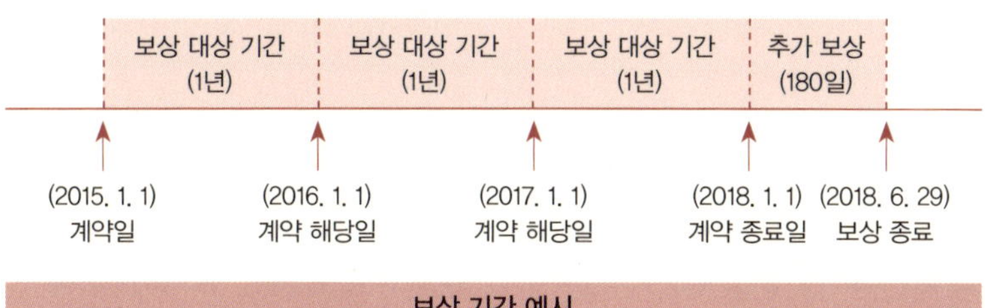

셋, 하나의 상해나 질병으로 인하여 하루에 같은 치료를 목적으로 의료 기관에 2회 이상 통원 치료 시 또는 약국에서 2회 이상 처방조제 시 1회의 외래 및 1건의 처방으로 간주하여 앞의 첫째와 둘째 보상 내용을 준용합니다.

넷, 피보험자가 건강보험 등에 가입되어 있지 않은 경우에는 통원의료비 중 본인이 실제로 부담한 금액에서 항목별 공제 금액을 차감한 금액의 40퍼센트를 외래 및 처방조제비로 보험 가입 금액 한도에서 보상해줍니다.

선택형 실손형 보험의 보상 내용 변경

실손형 보험은 출시 이후 그 보상 내용에 많은 변화가 있었습니다. 가령 처음에는 상해·질병 입원의료비(환자 부담 총액)를 100퍼센트 보상해주던 것이 2013년 4월부터 90퍼센트로 줄었고, 현재는 80퍼센트(표준형)와 90퍼센트(선택형) 중 하나를 선택하게끔 되어 있습니다. 역시 같은 시기에 상해·질병 입원 보상의 한도액이 1억 원에서 5000만 원으로 줄었고, 상해·질병 통원 보상 또한 상해·질병을 합친 금액에서 일괄적으로 5000원만 공제하던 것에서 외래는 1만~2만 원, 처방조제는 8000원으로 세분화되어 공제 금액이 더욱 커졌습니다. 따라서 이미 가입한 실손형 보험이 있다면 증권을 찾아보고 보장 내용을 잘 살펴보시기 바랍니다.

현재 금융 당국은 상해·질병 입원의료비의 90퍼센트를 보상해주는 선택형 상품을 없애고, 80퍼센트를 보상해주는 표준형 상품만을 남기는 것을 '실손형 보험의 단기적 과제'로 삼고 있습니다. 그 과도기적 조치 중 하나로, 2015년 9월 1일 이후 가입 가능한 '선택형 실손 보험'은 비급여 부분의 보상률이 90퍼센트가 아닌 80퍼센트입니다. 선택형 실손 보험의 절반(비급여 부분)이 표준형과 같아진 것이지요. 현장에서는 '본인 부담금 부분의 보상률이 90퍼센트이고, 비급여 부분의 보상률이 80퍼센트'인 지금의 선택형 실손 보험을 "선택형Ⅱ"라고 부르고 있습니다. 자세한 내용은 아래와 같습니다.

① 본인 부담금(90%)
② 보험자 부담금
③ 비급여(90%)
→
① 본인 부담금(90%)
② 보험자 부담금
③ 비급여(80%)

2015년 9월 1일 이전 가입한 선택형 실손 보험		2015년 9월 1일 이후 가입한 선택형 실손 보험(선택형Ⅱ)
상해·질병 입원 보상	본인 부담금 90% 보상 비급여 90% 보상	본인 부담금 90% 보상 비급여 80% 보상
상해·질병 외래진료비 공제 금액	의원급: 10,000원 병원급: 15,000원 종합전문요양기관급: 20,000원	의원급: 10,000원과 공제 기준 금액* 중 큰 금액 병원급: 15,000원과 공제 기준 금액* 중 큰 금액 종합전문요양기관급: 20,000원과 공제 기준 금액* 중 큰 금액
상해·질병 처방조제비 공제 금액	처방전 1건당 8,000원	처방전 1건당 8,000원과 공제 기준 금액* 중 큰 금액

* 공제 기준 금액: 본인 부담금의 10% 해당액과 비급여의 20% 해당액을 합산한 금액

2015년 9월 1일 이전과 이후에 가입한 선택형 실손 보험

실손형 보험의 보험금 계산

이번에는 진료비 계산서·영수증을 바탕으로 선택형 실손 보험에서 병원비 중 얼마를 보상받을 수 있는지 계산해보겠습니다.

다음의 진료비 계산서·영수증에서 환자 부담 총액(환자가 실제로 병원에 낸 돈)은 10만 5860원입니다. 우선 표준형을 기준으로 계산해보겠습니다. 입원 치료와 관련된 항목은 비어 있지만 만약 입원 치료를 했다면 환자 부담 총액의 80퍼센트인 8만 4690원을, 통원 치료를 했다면(병원급 기준) 공제 금액 2만 1172원(1만 5000원과 보상 대상 의료비의 20퍼센트 중 큰 금액)을 제외한 8만 4688원을 보상받게 됩니다.

환자 등록 번호	환자 성명	진료 기간	야간(공휴일) 진료

진료 과목	질병균(DRG) 번호	병실	환자 구분	유형 보조	영수증 번호 (일련 번호)

	항목	요양급여	③비급여	금액 정산 내역	
필수항목	진찰료	11,310		진료비 총액 (①+②+③)	113,270
	예약진찰료				
	입원료			환자 부담 총액 (①+③)	105,860
	식대				
	투약 및 조제료				
	주사료				
	마취료				
	처치 및 수술료				
	검사료		101,960		
선택항목	정신요법료				
	초음파 진단료				
	CT 진단료				
	MRI 진단료				
	PET 진단료				
	기타				
	계	11,310	101,960		
	①본인 부담금	3,900			
	②보험자 부담금	7,410			

진료비 계산서·영수증

다음은 선택형 실손 보험(선택형II)입니다. 먼저 입원 치료를 받았다는 가정하에 계산해보겠습니다. 선택형II는 본인 부담금 부분과 비급여 부분을 따로 계산해 더해야 합니다. 본인 부담금의 90퍼센트인 3510원과 비급여 부분의 80퍼센트인 8만 1568원을 더하면 8만 5078원이라는 보상 금액이 산출됩니다.

통원 치료(병원급 기준) 역시 계산해보겠습니다. 1만 5000원과 공제 기준 금액(본인 부담금의 10퍼센트 해당액과 비급여의 20퍼센트 해당액을 합산한 금액) 중 큰 금액이 공제 금액이 됩니다. 여기서는 본인 부담금의 10퍼센트가 390원, 비급여의 20퍼센트가 2만 392원이니 공제 기준 금액은 2만 782원이 됩니다. 이 금액이 1만 5000원보다 크기 때문에 따라서 공제 금액은 2만 782원이 되겠습니다. 그럼 이제 환자 부담 총액 10만 5860원에서 공제 금액 2만 782원을 뺍니다. 그러면 8만 5078원이라는 보상 금액을 구할 수 있습니다.

 ## 보장 내용을 꼭 확인해야 하는 정액형 보험

사망 보험이란 피보험자가 사망했을 때 보험금이 지급되는 보험을 총칭합니다. 가장 대표적인 정액형 보험인 사망 보험에는 크게 네

가지 상품이 있습니다. 생명보험사가 판매하는 **일반 사망 보험**과 **재해 사망 보험**, 손해보험사가 판매하는 **질병 사망 보험**과 **상해 사망 보험**이 그것입니다.

보장 범위는 생명보험사의 일반 사망 보험이 가장 넓습니다. 일반 사망 보험은 '2년 이내의 자살을 제외한 모든 사망'을 보장해줍니다. 즉, 질병이든 재해든 상해든 그 죽음의 이유를 따져 묻지 않습니다. 나머지는 이름 그대로 각각 재해(우발적인 외래의 사고)로 인한 사망과 질병으로 인한 사망, 상해(우연하고 급격한 외래의 사고)로 인한 사망만을 보장해줍니다.

사람들이 일반 사망 보험에 가입하는 이유는 명확합니다. '생계 책임자'의 사망에 의한 가계 파산을 막기 위해서입니다. 그래서 막내 자녀의 대학 졸업 비용까지 계산해서 보험금을 산정하는 것이 일반적입니다. '자녀들이 모두 사회 활동을 하게 되면 가계가 어떻게든 굴러간다'는 논리에서입니다. 이렇듯 최악의 사태에 대비하는 보험이기에 보험금액이 수천만 원, 경우에 따라서는 수억 원에까지 이릅니다. 때문에 거액의 보험금을 노린 살해[20] 등을 예방하기 위해 보험사는 다음의 세 가지 면책 조항(보험금을 지급하지 않는 사유)을 두고 있습니다.[21]

1. 피보험자가 고의로 자신을 해친 경우(단, 다음 중 어느 하나에 해당하면 보험금을 지급합니다)

   가. 피보험자가 심신상실 등으로 자유로운 의사 결정을 할 수 없는 상태에서 자신을 해친 경우

   나. 계약의 보장 개시일로부터 2년이 지난 후에 자살한 경우

2. 보험 수익자가 고의로 피보험자를 해친 경우(단, 그 보험 수익자가 보험금의 일부 보험 수익자인 경우 다른 보험 수익자에 대한 보험금은 지급합니다)

3. 계약자가 고의로 피보험자를 해친 경우

같은 이유로 다음의 경우 보험 계약을 무효로 합니다.

타인의 사망을 보험금 지급 사유로 하는 계약에서 계약을 체결할 때까지 피보험자의 서면에 의한 동의를 얻지 않은 경우(단, 단체가 규약에 따라 구성원의 전부 또는 일부를 피보험자로 하는 계약을 체결하는 경우에는 이를 적용하지 않습니다. 이때 단체 보험의 보험 수익자를 피보험자 또는 그 상속인이 아닌 자로 지정할 때에는, 단체의 규약에서 명시적으로 정한 경우가 아니면 이를 적용합니다)[22]

상대적으로 살해 위험이 높은 아이들, 그리고 몸과 마음이 온전치 않는 이들도 보호해야겠지요? 따라서 다음의 경우에도 보험 계약을 무효로 합니다.

만 15세 미만자, 심신상실자 또는 심신박약자를 피보험자로 하여 사망을 보험금 지급 사유로 한 계약의 경우[23]

종신 보험과 정기 보험, 변액 보험과 CI 보험

일반 사망 보험은 다시 크게 '종신 보험'과 '정기 보험'으로 나뉩니다. **종신 보험**은 이름 그대로 피보험자의 사망 시기에 관계없이 종신終身에 걸쳐 사망 보험금을 지급해주는 보험입니다. **정기 보험**은 계약 당시 정해놓은 기간 내에 피보험자가 사망해야지만 사망 보험금을 지급해주는 보험입니다. 이런 차이로 인해 같은 금액의 보험금을 지급해주는 보험이라 하더라도 종신 보험이 정기 보험에 비해 보험료가 두 배 이상 비쌉니다.

이 밖의 일반 사망 보험으로는 '변액 보험'과 'CI Critical Illness 보험'이 있습니다. **변액 보험**이란 납입 보험료 가운데 일부를 주식이나 채권 등에 투자해 그 운용 실적에 따라 보험금 및 해약환급금이 변하는 보험을 말합니다. 변액 보험은 종신 보험의 형태로 판매되는

데, 피보험자의 사망 시점에 투자 운용 실적이 좋으면 계약 당시에 약속했던 사망 보험금(기본 사망 보험금)에 변동 보험금(투자 운용 실적이 반영된 계약자 적립금이 예정 적립금을 초과하는 경우 발생하는 보험금)을 더해서 지급해줍니다(기본 사망 보험금 + 변동 보험금). 투자 운용 실적이 좋지 않아도 기본 사망 보험금은 보장해줍니다. 보험료는 일반 종신 보험과 큰 차이가 없습니다.

CI **보험**이란 암, 심근경색, 5대 장기 이식 수술 등 고액의 치료비가 드는 '치명적 질병'이 발생했을 때 사망 보험금의 50~100퍼센트를 선지급하고, 사망 시에는 잔액(보험 가입 금액 − 선지급 금액)을 지급하는 보험입니다. 변액 보험과 마찬가지로 종신 보험의 형태로 판매되고 있는데, 현재 판매되고 있는 일반 사망 보험 중에서 보험료가 가장 비쌉니다. 보통의 종신 보험에 비해 설계사 수당이 좋아 현장에서 적극적인 영업이 이루어지고 있는 상품이지만, 보험사가 '치명적 질병'의 정의를 대단히 보수적으로 정하고 있는 터라 보험금 받기가 굉장히 어렵다는 불만이 쏟아지고 있는 보험이기도 합니다.[24]

질병·상해 보험

피보험자가 사망했을 때 보험금이 지급되는 보험인 사망 보험

말고, 생전에 질병에 걸리거나 다쳤을 때(상해) 보험금을 지급받는 보험을 **질병·상해 보험**이라고 합니다. 보험사가 질병·상해에 관한 어떤 것이든(골절, 입원, 수술 등) 보험금을 정액형으로 지급해주기로 약속하면 질병·상해 보험이 됩니다. 즉, 상품의 이름은 물론이거니와 보장 내용 또한 무궁무진합니다. 보통 암 보험, 상해 보험, 재해 보험, 건강 보험 등의 이름으로 잘 알려져 있습니다.

질병·상해 보험은 모두 정기 보험의 형태로만 개발돼 있습니다(현재 출시된 종신 보험은 사망 보험이 유일합니다). 거기에 '열거주의'까지 채택하고 있기 때문에 증권이나 상품설계서를 통해 보장 내용을 쉽게 확인할 수 있습니다. 사망 보험을 주계약으로 하는 종신 보험 등에 진단, 수술, 입원 등을 보장해주는 질병·상해 보험을 특약으로 더해 가입하는 것이 일반적입니다. 상품의 종류가 너무 많아 실손형 보험처럼 내용을 모두 설명드릴 수는 없고, 대신 실제 발행된 적이 있는 증권을 통해서 보장 내용을 파악해보도록 하겠습니다.

다음은 알리안츠생명의 '(무)알리안츠변액유니버설종신보험'의 증권 내용입니다. 상품명으로 보험의 성격을 파악하는 방법은 이미 앞에서 설명해드렸지요? (일반) 사망 보험(가입 금액: 4000만 원, 보

험 기간: 종신, 납입 기간: 20년)을 주계약으로 총 5개의 특약(질병·상해 보험)이 설계되어 있는 보험입니다.

상품명	(무)알리안츠변액유니버설종신보험_개인형_AA (432001)			증권 번호	123456789 (개인)		
계약자	홍길동 (123456-1234567)	①주계약 및 특약별 보험금액			②보험 기간 및 납입 기간별 합계 보험료		
보험 대상자	홍길동 (123456-1234567)	구분	보험 가입 금액		보험 기간	납입 기간	보험료
추가 보험 대상자1		주계약	40,000,000		종신	20년	54,800
추가 보험 대상자2		⑤(무)입원보장특약	20,000,000		80세	20년	5,600
추가 보험 대상자3		⑥(무)수술보장특약	20,000,000		80세	20년	11,400
수익자 만기, 분할 시		⑦(무)재해사망 보장특약	60,000,000		80세	20년	7,800
수익자 입원, 장해 시	홍길동	(무)암진단특약	20,000,000		80세	20년	12,000
수익자 유고 시	상속인	(무)건강보장특약	30,000,000		80세	20년	16,500
계약일자	2014년 1월 5일						
만기일자	종신	납입 주기	월납		합계 보험료		108,100

	③보장 내용	④보장 금액
혼합1형(VUL종신) [주계약] 사망보험금	보험 대상자(피보험자)가 보험 기간 중 사망하거나 동일한 원인으로 합산 장해 지급율이 80% 이상인 장해 상태가 되었을 때 ※ 기본 사망 보험금 = 보험 가입 금액 − 중도 인출 금액 + 추가 납입 보험료 ※ 변동 보험금 = 계약자 적립금 − 예정 적립금	[기본 사망 보험금 + 변동 보험금액, 이미 납입한 보험료, 예약자 적립금의 105%] 중 큰 금액
⑤[(무)입원보장특약] 입원급여금	보험 대상자(피보험자)가 질병 또는 재해의 치료를 목적으로 4일 이상 계속하여 입원하였을 때(단, 1회 입원당 120일 한도)	2만 원(3일 초과 1일당)

	③보장 내용	④보장 금액
⑥[(무)수술보장특약] 수술급여금	보험 대상자(피보험자)가 질병 또는 재해로 인하여 수술을 받았을 때 ※1~3종 수술급여금은 약관 참조 바람	◆5종 수술 시 1,000만 원 ◆4종 수술 시 200만 원
⑦[(무)재해사망 보장특약] 재해사망보험금	보험 대상자(피보험자)가 재해로 사망하거나 동일한 재해로 여러 신체 부위의 합산 장해 지급률이 80%이상인 장해 상태가 되었을 때	6,000만 원
[(무)암진단특약] 암진단급여금	암 진단 확정 시 ◆유방암, 갑상샘암: 180일 이내 10% 지급(각 최초 1회) ◆경계성종양 진단 확정 시(최초 1회) ◆기타 피부암, 상피내암, 진단 확정 시 (최초 1회)	◆2년 이후: 2,000만 원 　※2년 미만: 50% 지급 ◆2년 이후: 600만 원 　※2년 미만: 50% 지급 ◆2년 이후: 200만 원 　※2년 미만: 50% 지급
[(무)건강보장특약] 진단급여금 I 진단급여금 II	보험 대상자(피보험자)가 최초로 뇌출혈, 급성 심근경색으로 확진되었을 때(각각 최초 1회) 보험 대상자(피보험자)가 최초로 말기 신부전, 말기 간질환으로 확진되었을 때(각각 최초 1회)	◆1년 미만 경과 시: 1,500만 원 ◆1년 이상 경과 시: 3,000만 원 ◆1년 미만 경과 시: 750만 원 ◆1년 이상 경과 시: 1,500만 원

발행일자: 2014년 1월 15일 본사에서 발행했습니다. (발행 횟수 1회)
■ 이 보험에 관한 상세한 사항은 해당 약관과 관계 법령에 따릅니다.

(무)알리안츠변액유니버설종신보험 증권 내용

보장 내용 파악하기 1단계: 증권

　첫 번째 특약부터 살펴보겠습니다. 별색 동그라미 ①주계약 및 특약별 보험금액과 ②보험 기간 및 납입 기간별 합계 보험료가 있는 표에 주목해주세요. 먼저 '⑤(무)입원보장특약'을 살펴보겠습니다. 보험 가입 금액은 2000만 원이고, 보험 기간(만기)은 80세, 납입 기간은 20년입니다. ③보장 내용은 "보험 대상자(피보험자)가 질병 또는 재해의 치료를 목적으로 4일 이상 계속하여 입원하였을 때(단, 1회 입원당 120일 한도)"이며 ④보장 금액은 "2만 원(3일 초과 1일당)"입니다. 쓰여 있는 그대로 '병원에 입원하면 4일째부터 1일당 2만 원의 보험금을 지급해주겠다'는 뜻입니다. 예컨대 '5일 입원하면 4만 원(5일-3일=2일)'을, '6일 입원하면 6만 원(6일-3일=3일)'을 지급받을 수 있습니다.

보장 내용 파악하기 2단계: 증권＋약관

조금 더 심화해보겠습니다. 두 번째 특약은 '⑥(무)수술보장특약'입니다. 보험 가입 금액은 2000만 원이고, 보험 기간(만기)은 80세, 납입 기간은 20년입니다. ③보장 내용은 "보험 대상자(피보험자)가 질병 또는 재해로 인하여 수술을 받았을 때"이며 ④보장 금액은 "5종 수술 시: 1000만 원, 4종 수술 시: 200만 원(※1~3종 수술급여금은 약관 참조 바람)"입니다. 역시 쓰여 있는 그대로 '각각의 종(1~5종)에 해당하는 수술 시에 각각 정해진 보험금을 지급해주겠다'는 뜻입니다.

1~3종의 수술급여금은 약관을 참조하라고 쓰여 있으니 약관을 한번 살펴보겠습니다. 다음은 해당 보험 약관의 145쪽 별표1의 내용입니다.

(별표1)

보험금 지급 기준표

[기준: 특약 보험 가입 금액 1,000만 원]

■ 수술급여금(약관 제11조)

지급 사유	보험 대상자(피보험자)가 이 특약의 보험 기간 중 질병 또는 재해로 인한 치료를 직접 목적으로 수술을 받았을 때
지급 금액	(수술 1회당) 1종 수술: 10만 원 2종 수술: 30만 원 3종 수술: 50만 원 4종 수술: 100만 원 5종 수술: 500만 원

특약 가입 금액 1000만 원을 기준으로 한 표입니다(별색 밑줄 내용 참조). 지금 우리가 살펴보는 증권의 특약 가입 금액은 2000만 원이니 수술급여금이 1종 수술은 20만 원, 2종 수술은 60만 원, 3종 수술은 100만 원입니다.

1~5종 수술에 해당하는 수술들이 무엇인지도 살펴보겠습니다. 별표4(해당 약관의 147~152쪽)에 해당 내용이 수록되어 있는데, 양이 무척 많으니 형식만 확인할 수 있도록 머리와 꼬리를 잘라 옮겨 보도록 하겠습니다.

(별표4)

수술·신생물 근치 방사선 조사 분류표

〈수술 분류표〉

Ⅰ. 일반 질병 및 재해 치료 목적의 수술

구분	수술명	수술 종류
피부, 유방의 수술	1. 피부 이식술(移植術)[25cm^2 미만은 제외, 피부의 양성종양 제거술 제외]	3종
	2. 유방 절단술(切斷術, Mastectomy)	3종
근골(筋骨)의 수술 [발정술(拔釘術) 등 내고정물 제거술, 비(非)관혈적(罐血的) 정복술(整復術)은 제외함]	3. 골(骨) 이식술	2종
	4. 골수염(骨髓炎), 골결핵(骨結核) 관혈수술(罐血手術) [농양(膿瘍)의 절개는 제외함]	3종
	5. 두개골(頭蓋骨, Cranium) 관형수술 [비골(鼻骨)·비중격(鼻中隔)·상악골(上顎骨)·하악골(下顎骨)·악관절(顎關節)은 제외함]	3종
	6. 비골(鼻骨) 관혈수술[비중격 만곡증(彎曲症) 수술, 수면 중 무호흡 수술은 제외]	1종
	7. 상악골(上顎骨)·하악골(下顎骨)·악관절(顎關節) 관혈수술	2종
	8. 척추골(脊椎骨)·골반골(骨盤骨) 관혈수술	3종
	⋮	
	92. 요실금 수술, 방광류 교정술	1종

보장 내용 파악하기 3단계: 증권＋약관＋α

　2단계를 통해서 증권 확인 후 해당 약관의 관련 내용까지 확인하는 방법을 익혔습니다. 마지막 단계에서는 여기서 한 발짝만 더 나가보겠습니다. 3단계는 '더욱 빈틈없이 보장 내용을 살펴보는 방법'입니다. 여기서 소개하는 방법까지 모두 익히면 손해·생명·실손·정액 등등을 가리지 않고 현재 판매되고 있는 거의 모든 보험의 보장 내용을 웬만한 보험설계사 이상으로 분석할 수 있습니다.

‘⑦(무)재해사망보장특약’을 살펴보겠습니다. 보험 가입 금액은 6000만 원이고, 보험 기간(만기)은 80세, 납입 기간은 20년입니다. ③보장 내용은 “보험 대상자(피보험자)가 재해로 사망하거나 동일한 재해로 여러 신체 부위의 합산 장해 지급률이 80퍼센트 이상인 장해 상태가 되었을 때”이며 ④보장 금액은 “6000만 원”입니다. 네, 그렇습니다. ‘보장 내용에 해당할 시에 6000만 원의 보험금을 지급해주겠다’는 뜻입니다.

이제부터가 2단계와 다릅니다. 조금 깐깐해져 보겠습니다. 보통 가입자들은 이 증권에 쓰여 있는 짧은 문구만 봐서는 ‘재해’와 ‘장해’가 무엇을 의미하는지 알 수 없습니다. 보장 내용에 쓰여 있는 “재해”가 대체 무엇을 말하는 걸까요? “장해”는요? 앞의 1단계와 2단계에서 다뤘던 ‘(무)입원보장특약’과 ‘(무)수술보장특약’도 다시 살펴보겠습니다. 거기에서 말하는 “질병” “입원” “병원” “수술”의 정의는 과연 무엇일까요? 잘 아는 단어들임에도 입이 잘 떨어지지 않습니다. 그 단어들이 머릿속에 추상으로만 존재하기 때문입니다. 원래 언어라는 것이 그렇습니다. 구체적이지 못하죠. 같은 모양임에도 서로 다른 뜻으로 사용되는 단어들이 우리 주위에 참으로 많습니다. 일상에서야 조금 차이가 있더라도 그냥 그런가 보다 하고 넘어가겠지만, 돈이 걸린 계약 관계에서까지 그래서는 곤란하겠지요?

그렇기 때문에 모든 (보험) 약관에는 '용어의 정의'가 반드시 첨부되어 있습니다. 그럼 이제 약관을 펼쳐서 '⑦(무)재해사망보장특약'이 "재해"와 "장해"를 어떻게 정의하고 있는지 살펴보겠습니다. 먼저 재해입니다.[25]

① 한국표준질병·사인분류상의 (S00~Y84)에 해당하는 우발적인 외래의 사고
②《전염병 예방법》제2조 제1항 제1호에 규정한 전염병

약관 48쪽 상단 '1. 보장 대상이 되는 재해'에 쓰여 있는 문구입니다. 한국표준질병·사인분류?《전염병 예방법》제2조 제1항 제1호? 익숙하지 않은 용어가 벌써 두 개나 등장합니다. 하지만 위축될 필요 없습니다. 인터넷에서 검색하면 금방 다 알아낼 수 있는 용어들입니다. 아래에 정리해보도록 하겠습니다.

한국표준질병·사인분류란 한국에서의 의무 기록 자료나 사망원인 통계 등을 유사성 등에 따라서 체계적으로 분류한 뒤 알파벳과 숫자 조합의 코드를 부여해놓은 것을 말합니다(예: D12.6). 현장에서는 "질병·사망코드"나 "질병·사망분류번호" 등으로 불립니다. 진단서를 떼어보면 병명과 코드가 나란히 명기되어 있는 것을

볼 수 있습니다. 모든 코드는 통계청 홈페이지(http://kostat.go.kr)
에서 확인할 수 있습니다.

《전염병 예방법》 제2조 제1항 제1호가 규정하고 있는 전염병은
콜레라, 페스트, 장티푸스, 파라티푸스, 세균성이질, 장출혈성대장
균감염증, 여섯 가지입니다.

재해의 정의가 여기서 끝나는 것은 아닙니다. 48쪽 하단 '2. 보
험금을 지급하지 아니하는 재해'가 남아 있습니다. 다음의 각 호는
재해의 정의에서 제외됩니다.[26] (괄호 안의 알파벳과 숫자는 한국표준
질병·사인분류 코드입니다.)

① 질병 또는 체질적 요인이 있는 자로서 경미한 외부 요인에 의
   하여 발병하거나 또는 그 증상이 더욱 악화된 경우
② 사고의 원인이 다음과 같은 경우
   - 과로 및 격심한 또는 반복적 운동(X50)
   - 무중력 환경에서의 장시간 체류(X52)
   - 식량 결핍(X53)
   - 수분 결핍(X54)
   - 상세 불명의 결핍(X57)

- 고의적 자해(X60~84X)

- "법적 개입" 중 법적 처형(Y35.5)

③ "외과적 및 내과적 치료 중 환자의 재난(Y60~Y69)" 중 진료
기관의 고의 또는 과실이 없는 사고(단, 처치 당시에는 재난의 언
급이 없었으나 환자에게 이상 반응이나 후에 합병증을 일으키게 한 외
과적 및 내과적 처치(Y83~Y84)는 보상)

④ "자연의 힘에 노출(X30~X39)" 중 급격한 액체 손실로 인한 탈수

⑤ "불의의 물에 빠짐(W65~W74), 기타 불의의 호흡 위험(W75~
W84), 눈 또는 인체의 개구부를 통하여 들어온 이물(W44)" 중
질병에 의한 호흡 장해 및 삼킴 장해

⑥ 한국표준질병·사인분류상의 (U00~49, U80~89)에 해당하는
질병

재해의 정의를 모두 살펴보았습니다. 다음으로 '장해'의 정의를
살펴보겠습니다. 같은 약관 49쪽입니다.[27]

① "장해"라 함은 상해 또는 질병에 대하여 치유된 후 신체에
남아 있는 영구적인 정신 또는 육체의 훼손 상태를 말한
다. 다만, 질병과 부상의 주증상과 합병 증상 및 이에 대한
치료를 받는 과정에서 일시적으로 나타나는 증상은 장해

에 포함되지 않는다.

② "치유된 후"라 함은 상해 또는 질병에 대한 치료의 효과를 기대할 수 없게 되고 또한 그 증상이 고정된 상태를 말한다.

③ "영구적"이라 함은 원칙적으로 치유 시 장례 회복의 가망이 없는 상태로서 정신적 또는 육체적 훼손 상태임이 의학적으로 인정되는 경우를 말한다.

④ 다만, 영구히 고정된 증상은 아니지만 치료 종결 후 한시적으로 나타나는 장해에 대하여는 그 기간이 5년 이상인 경우 해당 장해 지급률의 20퍼센트를 한시 장해의 장해 지급률로 정한다.

따로 설명을 덧붙일 필요가 없도록 용어가 잘 정리되어 있네요. 드디어 우리는 '⑦(무)재해사망보장특약'이 "재해"와 "장해"를 어떻게 정의하고 있는지 알게 되었습니다. 이제는 "신체 부위의 합산 장해 지급률 80퍼센트 이상"이 무엇인지만 알면 됩니다. 약관 51쪽 '1. 눈의 장해'를 시작으로 70쪽 '13. 신경계·정신행동 장해'까지 관련 내용이 적혀 있습니다. 내용이 장황하니 형식만 살펴볼 수 있도록 '1. 눈의 장해'의 일부만 옮겨두겠습니다.

■ 장해 분류별 판정 기준

1. 눈의 장해

가. 장해의 분류

장해의 분류	지급률
1) 두 눈이 멀었을 때	100
2) 한 눈이 멀었을 때	50
3) 한 눈의 교정시력이 0.02 이하로 된 때	35
4) 한 눈의 교정시력이 0.06 이하로 된 때	25
5) 한 눈의 교정시력이 0.10 이하로 된 때	15
6) 한 눈의 교정시력이 0.20 이하로 된 때	5
7) 한 눈의 안구에 뚜렷한 운동 장해나 뚜렷한 조절 기능 장해를 남긴 때	10
8) 한 눈의 시야가 좁아지거나 반맹증, 시야 협착, 암점을 남긴 때	5
9) 한 눈의 눈꺼풀에 뚜렷한 결손을 남긴 때	10
10) 한 눈의 눈꺼풀에 뚜렷한 운동 장해를 남긴 때	5

나. 장해 판정 기준
1) 시력 장해의 경우 공인된 시력검사표에 따라 측정한다.
2) "교정시력"이라 함은 안경(콘택트렌즈를 포함한 모든 종류의 시력 교정 수단)으로 교정한 시력을 말한다.
3) "한 눈이 멀었을 때"라 함은 눈동자의 적출은 물론 명암을 가리지 못하거나("광각무") 겨우 가릴 수 있는 경우("광각")를 말한다.
4) 안구 운동 장해의 판정은 외상 후 1년 이상 경과한 후에 그 장해 정도를 평가한다.
(이하 생략)

표 오른쪽의 지급률이 보이지요? 신체 부위별로 저 지급률을 합산해 80(퍼센트) 이상이면 6000만 원을 보험금으로 지급받게 되는 것입니다.

이렇게 '⑦(무)재해사망보장특약'의 보장 내용 분석이 모두 끝났습니다. 이제 이 방법을 활용해서 실제로 본인이 가입한 보험의 보장 내용을 분석해보시기 바랍니다.

 ## 그림 하나로 정리하는 보장성 보험

지금까지 살펴본 보장성 보험의 분류 및 관계를 도식으로 표현하면 아래와 같습니다. '주요 범주' 세 가지는 별색 바탕으로 표시했습니다. 다음에는 보험 가입 방법을 알아보겠습니다.

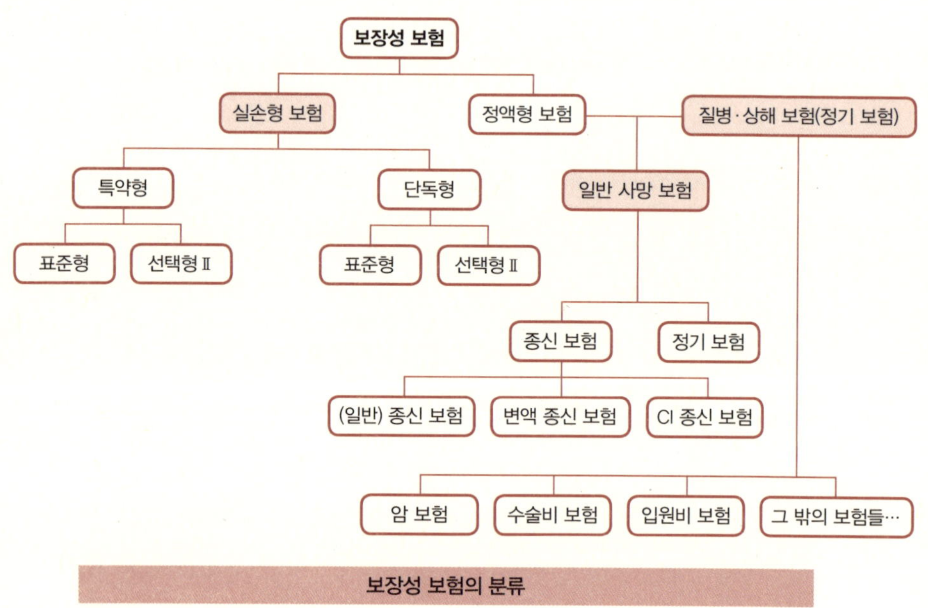

보장성 보험의 분류

# 보험설계사도 모르는 보장성 보험 가입 방법

위험의 공식을 다시 살펴보겠습니다.

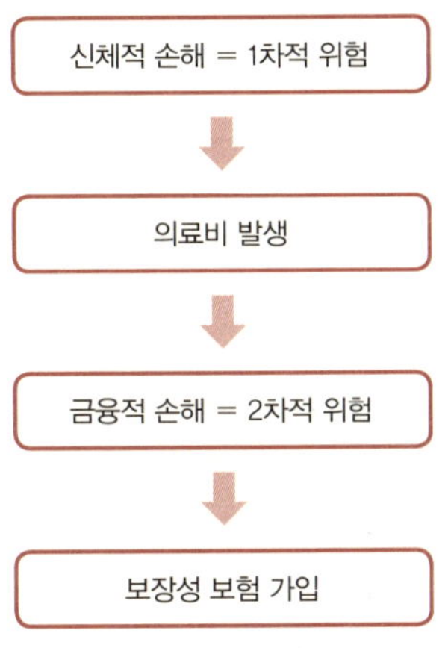

이번에는 금융적 손해(2차적 위험)에 집중해서 보겠습니다. 금융적 손해의 상황은 우리 주위에 산적해 있습니다. 자동차가 고장 날 때, 집주인이 전세금을 올릴 때, 냉장고가 멈출 때, 운동화가 다 닳았을 때, 자녀가 대학에 들어갈 때 또는 결혼할 때 등등. 보장성 보험은 바로 이러한 수많은 일상적 금융 손해(위험)의 상황들 중에서도 '신체적 손해에 의해 파생되는 의료비 등의 손해(위험)'를 헤지하기 위한 '특별한 수단'입니다.

일상적 금융 손해의 총 규모를 놓고 보았을 때(자동차가 고장 날 때, 집주인이 전세금을 올릴 때, 자녀가 대학에 들어갈 때 등등의 모든 상황을 다 더했을 때) 그 안에서 의료비 등이 차지하는 정도는 과연 얼마가 될까요? 분명 꽤나 미미할 겁니다. 일반적으로 우리는 '신체적 손해에 의한 일상적 금융 손해'는 보장성 보험으로, 나머지 다른 모든 일상적 금융 손해는 저축으로 헤지합니다.

1. 신체적 손해에 의한 일상적 금융 손해(위험) → 보장성 보험
2. 1을 제외한 나머지 모든 일상적 금융 손해(위험) → 저축

그렇다면 가계의 재무 구성에서 보험과 저축 중 어떤 것이 더 규모가 커야 할까요? 마땅히 저축의 규모가 훨씬 더 커야 할 것입니다. 그런데 이것이 거꾸로 되어 있는 가계가 너무나 많습니다. 전세금을 올려줄 때, 자녀가 대학에 들어갈 때 그 부족분을 빚으로 때우는 우리의 이상하고도 고질적인 습관은 바로 이러한 '거꾸로 재무 구성' 탓이 큽니다. 가계의 보험료의 합은 언제나 저축의 합보다 '월등히' 작아야 합니다. 군더더기를 뺀 보장성 보험의 설계가 절실한 이유입니다.

실손형 보험 → 정액형 보험

지금부터 보장성 보험의 가입 방법을 살펴보겠습니다. 먼저 중요도에 따른 가입 순서입니다. 실손형 보험과 보장성 보험 중 실손형 보험에 먼저 가입하는 것이 좋습니다. 실손형 보험이 의료적인 성격을 띠기 때문입니다. 앞에서 다루었던 병원비의 정체를 상기해보세요. 우리가 일상에서 "병원비"라고 부르는 것은 '진료비 총액(본인 부담금＋보험자 부담금＋비급여)'이 아니라 '환자 부담 총액(본인 부담금＋비급여)'입니다. '보험자 부담금' 부분은 건강보험이 보장해줍니다. 즉, 실손형 보험을 통해서 '환자 부담 총액(본인 부담금＋비급여)'까지 보장받게 되면 우리는 거의 무상 의료나 다름없는 효과[28]를 누릴 수 있습니다.

질병 및 사고를 불에, 보험을 소화 기구에 비유하자면 실손형 보험은 당장의 의료비, 그러니까 '발등에 떨어진 불'을 끄는 데 쓰는 소화 기구입니다. 반면 정액형 보험은 발등 외의 곳에 떨어진 불(상실된 생활비 등)을 끄는 데 쓰는 소화 기구입니다(48쪽 '실손형 보험과 정액형 보험의 주요 특징 비교' 참조). 따라서 정액형 보험보다는 실손형 보험이 더 중요하다고 할 수 있으므로 보장성 보험의 가입 순서는 다음과 같습니다.

실손형 보험 → 정액형 보험

① 실손형 보험 가입 방법

앞서 실손형 보험 상품에는 '단독형'과 '특약형'이 있다고 설명 드렸습니다. 생명보험사와 손해보험사 모두 실손형 보험을 판매하고 있지만 저는 '손해보험사의 단독형 실손 보험'을 권합니다. 다음의 두 가지 이유 때문입니다. 첫째, 손해보험사의 상품이 생명보험사의 상품보다 저렴합니다. 둘째, 방금 보장성 보험 중에서 가장 중요한 것이 바로 실손형 보험이라고 말씀드렸습니다. 특약형 실손 보험은 그런 중요한 실손 보험 계약을 주계약이 아닌 '특약'으로 취급하는 보험입니다. '주계약에 더해진 여러 특약들 중의 하나'로 실손 보험 계약을 보유하면 후에 다른 보험 계약들을 조정하거나 해약할 때 실손형 보험 자체를 지키지 못하는 불상사가 생길 수도 있습니다(주계약이 사라지면 특약도 함께 소멸됩니다). 하지만 실손형 보험을 단독으로 가입하면, 그런 혹시 모를 위험을 미연에 방지할 수 있습니다.

보험 회사별 단독형 실손 보험 상품의 보험료를 비교하는 방법은 다음과 같습니다.

- 생명보험사 상품: 생명보험협회 홈페이지(www.klia.or.kr) → 공

시실(화면 우측 상단) → 상품 비교 공시(화면 상단) → 상품 비교

- 손해보험사 상품: 손해보험협회 홈페이지(www.knia.or.kr) →
공시실(화면 우측 상단) → 상품 비교 공시 → 실손의료보험(화
면 좌측 하단) → 보험료 비교 공시

꼭 가장 저렴한 보험을 찾아 가입할 필요는 없습니다. 가입 1년
후 갱신 시에 과연 보험료가 얼마나 오를지 예측할 수 없기 때문입
니다.

② 정액형 보험 가입 방법: 일반 사망 보험

앞서 설명했듯이 생계 책임자의 사망에 의한 가계 파산을 막기
위한 보험이 사망 보험입니다. 따라서 비혼 남녀, 전업주부와 아이
들에게는 사망 보험이 필요치 않습니다. 지금부터 설명할 내용은
모두 생계 책임자인 가장에게만 해당하는 사항입니다.

일반 사망 보험은 '종신 보험'과 '정기 보험'으로 나뉩니다. '보통
의 사람'이라면(어째서 '보통의 사람'이라고 표현했는지는 뒤에서 이야기
하겠습니다) 종신 보험보다 정기 보험이 낫습니다. 다음의 세 가지
이유 때문입니다.

첫째, 사망 보험금을 종신에 걸쳐 준비할 필요가 없다.

둘째, 종신 보험의 보험료가 정기 보험보다 두 배 이상 비싸다.

셋째, 종신 보험의 비싼 보험료를 20년 넘게 납입한다는 것은 보통 일이 아니다.

우선 첫째 이유를 살펴보겠습니다. 사망 보험금이 필요한 이유는 아직 다 성장하지 못한 자녀들 때문입니다. 그렇다면 자녀들이 다 성장하면 사망 보험금은 더 이상 필요가 없습니다. 20~30대에 결혼해 한 명 이상의 자녀를 둔 소위 '정상 가정'의 가장은 사망 보험금을 60~70대까지만 준비하면 됩니다.

이제 둘째 이유를 살펴봅시다. 다음은 종신 보험과 정기 보험의 실제 설계 사례입니다.

[조건]
나이 및 성별: 30세 남성
사망 보험금: 1억 원
만기: 종신 / 70세(정기)
기간 및 납입 방법: 20년 월납

[상품명 및 월 보험료]

종신 보험(무배당 ACE 종신 보험) 보험료: 월 137,600원

정기 보험(무배당 ACE 스탠더드 정기 보험) 보험료: 월 55,000원

두 보험은 월 보험료가 8만 2600원이나 차이가 납니다. 20년 납입 기준이니까 총 차액은 1982만 4000원입니다. 종신 보험이나 정기 보험, 둘 중 어느 보험에 가입해도 가장 사망 시에 자녀들의 학자금 등을 지원해줄 수 있습니다. 그런데 종신 보험이 정기 보험보다 훨씬 더 비쌉니다. 이것만 놓고 보면 당연히 소비자들이 종신 보험보다 정기 보험에 더 많이 가입해야 정상입니다. 하지만 현장의 상황은 정반대입니다. 보험설계사들이 소비자들에게 수당이 더 높은 종신 보험의 가입을 종용하고 있기 때문입니다.[29]

마지막으로, 종신 보험의 비싼 보험료를 20년 넘게 납입한다는 것은 보통 일이 아닙니다. 종신 보험의 콘셉트는 다음의 명제로 정리됩니다. "어차피 사람은 한 번 죽는다. 따라서 종신 보험에 가입해두면 반드시 사망 보험금을 수령할 수 있다." 그리고 이 명제는 다시 다음과 같이 풀이됩니다. "사망 보험금을 언제 수령하느냐가 문제일 뿐 받을 수 있느냐 없느냐는 문제도 아니다." 보험설계사들이 사람들에게 종신 보험 가입을 권유하며 풀어놓는 가장 전형적

인 논리입니다. 또한 소비자들이 맹신하고 있는 종신 보험에 대한 미신이기도 합니다. 많은 이들이 이러한 콘셉트와 논리에 홀려서 저렴한 정기 보험을 뒤로하고 비싼 종신 보험에 가입합니다.

그러나 위의 논리는 현실에서는 완전히 틀립니다. 보험연구원이 2010년 발간한 자료에 따르면 종신 보험을 9년 넘게 유지한 계약자의 비율은 겨우 40퍼센트밖에 되지 않습니다. 10명 중 6명이 9년 안에 종신 보험을 해지한다는 것입니다. '평생 보장'을 논하는 종신 보험치고는 어째 너무나도 초라한 유지율이 아닐 수 없습니다. 2007년 금융감독원이 국회에 제출한 자료를 보면 수치는 더욱 심각합니다. 이 자료에 따르면 종신 보험의 10년 유지율은 고작 29퍼센트인데, 이는 곧 10명 중 7명이 10년 안에 종신 보험을 해지한다는 이야기입니다.

보험연구원 자료를 보면 재미있는 현상을 하나 찾아볼 수 있습니다. 바로 종신 보험의 해지 건수가 1년차와 2년차 사이에 눈에 띄게 집중되어 있다는 사실입니다. 분석 기간(2000~2008년) 내의 연평균 해지율이 14.3퍼센트인 데 반해 1년차와 2년차의 해지율은 각각 22.5퍼센트와 18.2퍼센트입니다. 3년차와 4년차 그리고 5년차의 해지율이 각각 10.4퍼센트와 8.5퍼센트, 7.4퍼센트이니

1~2년차의 해지율이 얼마나 높은지 쉽게 가늠해볼 수 있을 것입니다. 보험연구원은 이와 같은 현상이 벌어지는 이유에 대해 다음과 같은 해석을 내놓았습니다.

> 일반적으로 보험 회사가 신계약 수당을 12~24개월 내에 분급한다는 점을 감안할 때 수당 지급이 종료된 시점 이후에 해지율이 급증한 것으로 판단된다.[30]

결국 '보험설계사들의 수당' 때문이라는 이야기입니다. 많은 소비자가 보험설계사들의 유려한 말발에 넘어가 무리한 수준의 종신 보험에 가입합니다. 그리고 한참이 지나서야 보험료가 감당키 힘든 수준이었다는 점을 깨닫습니다(보통 종신 보험의 월 보험료는 10만 원을 훌쩍 넘습니다). 도저히 안 되겠다 싶어서 해약이라도 할라치면 담당 보험설계사가 득달같이 달려와서는(소비자가 콜센터에 해지 문의를 하면 곧바로 담당 설계사에게 연락이 갑니다) "정말로 꼭 해약해야겠냐?"며 만류합니다.

현장의 모습이 실제로 이렇습니다. 실로 많은 가입자가 종신 보험의 보험료 납입을 버거워하고 있습니다. 보험설계사 입장에서 보험료 하나만 놓고 보면 결코 이해가 되지 않습니다. 그러나 소비자 입장에서 '하나만 놓고 보면 힘들지 않아 보이는 것들'을 모두 따져보면 절로 고개가 끄덕여집니다. 예컨대 각종 대출금 이자와 공과금, 식비와 아이들 학원비 등등 생활의 모든 비용이 보험료에 더해져 통장 잔고를 휘발시킵니다. 그러다 언젠가 '아차!' 하는 날이 오겠지요. 그럴 때 가장 먼저 메스를 가하는 것이 보험(특히 보험료 규모가 큰 종신 보험)입니다. 당장의 효용이 기대되지 않기 때문입니다.

설사 20년 이상 보험료를 납입할 자신이 있다 하더라도 종신 보험 가입은 지양해야 합니다. 그 자신감이라는 것이 실은 '자기 과신'에 기반을 둔 것일 수 있기 때문입니다. 저는 첫 번째 책《당신이 재테크로 부자가 될 수 없는 이유》를 통해서 자기 과신에 의한 계획이 어떻게 망가지게 되는지 설명한 바 있습니다.

어떤 사람이 10일 후에 있을 애인과의 기념일을 맞아 1000마리의 종이학을 접는다고 생각해보자. 아마도 그는 이런 생각을 할 것이다. '남은 날이 10일이고, 종이학은 1000마리니까 1000마리에서 10일을 나누자. 그래! 하루에 100마리씩만 접으면 기념일까지 1000마리의 학을 모두 접을 수 있겠어.'

우리들이 세우는 대부분의 계획이 1000마리의 종이학을 접겠다는 그의 계획과 같은 식으로 세워진다. 그래서 우리는 그의 애인이 기념일에 1000마리의 종이학을 받지 못하게 될 것이라는 사실도 쉽게 짐작할 수 있다.

당신은 과거에 이미 이런 식의 계획을 수도 없이 세웠고, 지키지도 못했다. 하지만 앞으로도 이런 계획을 계속해서 세울 것이다. 당신은 언제나 자기 자신에게 너무나도 자신 있으니까.[31]

종이학 접기만 놓고 보자면 계획은 너무나도 간단합니다. 그런데 실제 삶에서 우리는 종이학 접기만 할 수는 없습니다. 우리에게는 종이학 접기 외에도 다른 수많은 계획이 필요합니다. 그것들이 종이학 접기와 한 데 뒤엉켜 카오스를 만들어냅니다. 그 결과 계획들은 예측 불가능의 영역으로 빠져듭니다.

자신에 차서 무리하게 계획을 세우고, 결국에 그 계획의 대부분을 실현하지 못하는 것. 행동경제학behavioral economics에서는 이러한 현상을 계획 오류planning fallacy라고 부릅니다. 생전에 피터 드러커Peter Ferdinand Drucker는 곧잘 이렇게 말하곤 했습니다. "모든 일은 잘못되기 마련이다." 현대 사회의 복잡성을 잘 표현해낸 촌철살인의

한마디가 아닌가 싶습니다.

한 치 앞도 모르는 세상입니다. 그래서 모든 계획에는 융통성이 필요합니다. 그런데 어째 이놈의 보험 계약은 조금의 융통성도 허락하질 않습니다. 두 달만 보험료를 연체하면 바로 '실효'가 됩니다. 보통의 보험 계약이 20년 이상의 '초장기 계획'이라는 점을 감안하면 소비자들에게는 어지간히 불리한 조건이 아닐 수 없습니다.

우리가 너무 쉽게 간과하는 부분이 바로 이 점입니다. 초장기 계획인 보험료 납입 계획을, 종이학 접기를 계획하듯이 마냥 원시적으로만 접근한다는 사실입니다. 세일즈맨일 수밖에 없는 보험설계사들(보험설계사들은 기본급 없이 상품 판매 수당으로만 생계를 유지합니다)은 평범한 사람들의 이러한 '생각의 오류'를 집요하게 공략합니다. 보통 다음과 같은 식의 화법을 구사하며 말입니다. "한 달에 ○○원이면 하루에 ○원입니다. 술자리만 줄여도 종신 보험에 가입할 수 있지요."

보험업계의 통설은 다음과 같습니다. "종류를 막론하고 보험을 10년 이상 유지하는 사람은 열 명 중 한 명이다." 저는 이 통설이 각종 보고서에 적힌 수치보다 훨씬 더 진실에 가깝다고 봅니다. 업계 내에서 속칭 '가라'라는 것이 어떤 식으로 만들어지는지를 훤히 꿰뚫고 있는 사람들끼리 통하는 말이거든요.

장기 불황이 거론되고 있는 요즘입니다. 수많은 가계가 경기가 조금만 나빠져도 약간의 흑자에서 엄청난 적자로 전환됩니다. 과연 그런 가계들이 십 수만 원의 보험료를 20년 넘게 매월 납입할 수 있을까요? 저는 여기에 아주 회의적입니다.

'한 달 십 수만 원의 보험료를 내면 사망 시에 수억 원의 보험금을 지급받을 수 있는 것'이 바로 사망 보험입니다. 종신 보험은 그 내용을 '죽을 때까지' 보장해주는 상품입니다. 보험료 대비 보험금을 수익률의 개념으로 건조하게 접근하면, 정말이지 이만한 재테크 수단도 없을 겁니다. 만약 지금의 모든 종신 보험 가입자들이 죽을 때까지 계약을 유지한다면, 그래서 결국에 사망 보험금을 모두 수령해내고야 만다면, 보험사들은 보험금과 보험료의 엄청난 차액을 메워야 하기 때문에 필시 다 망해 없어지고 말 것입니다. 하지만 워낙 많은 가입자가 계약을 해지하고 있고 앞으로도 해지할 것이기 때문에 그런 기적 같은 일은 지금까지처럼 앞으로도 계속 일어나지 않을 것입니다.

그럼 대체 누가 종신 보험을 끝까지 유지해서 그 엄청난 수익률을 실현해내고야 마는 걸까요? 맞습니다. 돈 많은 부자들입니다. 중도 해지 대열에 합류하는 '보통 (재력의) 사람들'의 기납입 보험료들을 차곡차곡 모아서 부자들의 '상속세를 위한' 수십억 원대의 보험금을 챙겨주는 것. 이것이 바로 종신 보험의 원래 기능이자 맨얼굴입니다.

앞서 "보통의 사람이라면 정기 보험이 종신 보험보다 낫습니다"라며 '보통의 사람'이라는 단서를 붙인 이유가 여기에 있습니다. 종신 보험은 중산층 이하 서민으로 분류되는 평범한 사람들에게는 어울리지 않는 상품입니다.

혹시 지금 가입 중인 종신 보험의 보험료가 빠듯하게 느껴지시나요? 그렇다면 당신은 절대로 그 계약을 끝까지 유지할 수 없습니다. 자고로 먼 길을 떠나려면 짐을 가볍게 짊어져야 하는 법입니다. 단언컨대 분명 삶의 중간 어딘가에서 그 큰 짐을 내려놓게 될 것입니다.

③ 정액형 보험 가입 방법: 질병·상해 보험

앞서 설명했듯이 사망 보험(종신 보험, 정기 보험)은 생계 책임자(가장)의 사망 시 상실되는 소득을 보충하기 위한 금융적 성격의 보험입니다. '정액·정기 보험'인 질병·상해 보험 역시 비슷한 성격의 보험(생계 책임자의 질병 및 상해로 인한 소득 활동 중단에 대비하는 보험) 입니다. 따라서 지금부터 설명하는 내용 역시 비혼 남녀, 전업주부 와 아이들에게는 해당하지 않는 사항입니다.

질병·상해 보험은 사망 보험을 주계약으로 하는 종신 보험 등 에 특약으로 더해서 가입하는 것이 일반적입니다. 그러나 역시 보 험설계사들의 수당 때문에 그렇게 가입하도록 권유되는 것일 뿐 반드시 그렇게 가입해야 하는 것도 아니며, 또 그런 형태의 설계(구 성)가 바람직한 것도 아닙니다.

앞에서 다룬 '(무)알리안츠변액유니버설종신보험'의 증권을 다 시 살펴보겠습니다. 주계약인 사망 보험이 차지하는 보험료(5만 4800원)가 합계 보험료(10만 8100원)의 절반이 넘습니다. 바로 이 부 분, 사망 보험을 위한 보험료에서 보험설계사들의 수당 대부분이 발생합니다. 특약을 이루는 질병·상해 보험 등을 통해서도 수당이 발생하지만 사망 보험에 비할 바 못됩니다. 사망 보험금액이 늘어 날수록 수당의 덩치가 커집니다. 바로 이러한 이유 때문에 질병· 상해 보험을 자꾸만 종신 보험에 끼워서 판매하는 것입니다.

가계 내 보험료가 비대한 원인은 '사망 보험을 위한 보험료' 때문인 경우가 태반입니다. 나중에 보험료를 아끼기 위해서 주계약인 사망 보험을 좀 줄이려 해도(줄인 부분은 해지 처리됩니다) 특약으로 설계된 질병·상해 보험들이 주계약에 따라서 쪼그라들기 때문에(해지되기 때문에) 곤란에 빠지는 경우가 참 많습니다. 따라서 이를 미연에 방지하는 것이 중요합니다. 그래서 사망 보험이 포함되어 있지 않은(또는 매우 작은 규모로 설계할 수 있는) 질병·상해 보험을 권합니다.

한편, 보다 완벽한 보장성 보험에 가입하고픈 욕심에 골절, 화상, 입원 등의 부가적인 보장을 잔뜩 추가하다가 보험이 말도 못하게 비대해지기도 합니다. 그야말로 '티코 사러 갔다가 그랜저 산 격'인데, 가계의 보험료 합은 저축의 합보다 '월등히' 작아야 한다는 조언을 잊지 마시고, 부디 생계 책임자의 질병 및 상해로 인한 소득 활동의 중단에만 대비할 수 있는 암 보험 등에만 가입하시기 바랍니다. 절약한 나머지 돈으로는 빚을 갚거나 저축을 하세요.

정리

지금까지 실손형 보험, 사망 보험, 질병·상해 보험을 누가 어떻게 가입하는 것이 좋은지에 대해 살펴보았습니다. 이를 표로 정리해보면 다음과 같습니다.

		생계 책임자	비非생계 책임자
실손형 보험	가입 이유	O	O
	비고	단독형 실손 보험 가입	단독형 실손 보험 가입
일반 사망 보험	가입 이유	O	X
	비고	정기 보험 가입	X
질병·상해 보험	가입 이유	O	X
	비고	사망 보험이 포함되어 있지 않은 (또는 매우 작은 규모로 설계할 수 있는) 질병·상해 보험 가입	X

* 실손형 보험과 사망 보험, 질병·상해 보험을 각각 따로 가입하세요. 추후 어느 하나의 보험을 해약할 시 타 보험까지 덩달아 해약되는 것을 막기 위한 장치입니다.

보장성 보험 가입 방법

 # 보장성 보험 가입 시 주의 사항

지금부터 보장성 보험 가입 시의 주의 사항을 살펴보겠습니다. 먼저 실손형 보험 가입 시 주의 사항입니다. 앞서 설명했듯이 실손형 보험은 '실제 발생한 비용의 손해를 보상하는 것'에 목적을 두고 있기 때문에 '중복 가입에 의한 금전적 이득'이 허락되지 않습니다. 따라서 보험사는 다수의 실손형 보험에 가입한 중복 가입자에게는 '각 상품별 보상책임액'에 비례한 만큼의 보험금만을 지급해줍니

다. 즉, 실손형 보험은 두 개 이상 중복해서 가입할 필요가 없는 상
품입니다.

보통은 보험설계사들이 실손형 보험을 권유하는 과정에서 중복
가입 여부를 확인해줍니다.[32] 그러나 아주 가끔씩은 (실수로) 확인
이 제대로 이루어지지 않는 경우도 발생하곤 합니다(사람이 하는 일
이 다 그렇지요). 물론 소비자 스스로가 보험 가입 내용을 숙지하고
있으면 아무런 문제 될 일이 없을 것입니다. 하지만 대개 소비자들
은 증권을 보는 방법조차 모르기 때문에 그것이 말처럼 쉽지 않은
것이 현실입니다. 실손형 보험 중복 가입 여부는 다음의 홈페이지
에서 쉽게 확인해볼 수 있습니다.

- 생명보험협회 홈페이지(www.klia.or.kr) → 소비자 → 보험 가
  입 조회 → 의료실손보험 가입 조회
- 손해보험협회 홈페이지(www.knia.or.kr) → 보험 가입 조회 →
  실손의료보험 가입 조회
- 보험개발원 홈페이지(www.kidi.or.kr) → 공시·조회 서비스
  → 실손의료보험 조회

환급형 말고 소멸형

"만기 시에 납부한 보험료를 그대로 다 돌려주는 보험. 100퍼센트 환급형 보험." 이런 광고 문구를 많이 접해보셨을 것입니다. (만기)**환급형 보험**이라 불리는 상품의 광고입니다. 내용 그대로 납입했던 보험료를 만기 시에 100퍼센트 환급해주는 보험입니다. 반대로 만기가 되어도 환급금이 전혀 없는 보험도 있습니다. (만기)**소멸형 보험**이라 불리는 상품입니다. 저는 이 소멸형 보험을 권하는데, 다음의 두 가지 이유 때문입니다.

첫째, 환급형 보험은 사실상 '끼워 팔기'이기 때문입니다. 환급형 보험이 환급금을 마련할 수 있는 까닭은 상품 속에 '저축성 보험'이 포함되어 있기 때문입니다. 손해보험사 상품의 증권에 '적립보험료'라고 쓰여 있는 항목이 바로 저축성 보험을 위한 보험료입니다. 생명보험사 상품의 증권에는 해당 사항이 따로 명기되어 있지 않습니다. 당연히 환급형 보험의 보험료가 소멸형 보험에 비해 훨씬 더 비쌀 수밖에 없습니다. 즉, 환급형 보험에 가입하는 것은 소멸형 보험과 더불어 원한 적 없는 저축성 보험에까지 가입하는 것과 같습니다.

환급형 보험 $=$ 소멸형 보험 $+$ 저축성 보험

둘째, '물가 상승에 의한 화폐 가치의 하락' 때문입니다. 근래에 출시된 보험들(보장성 보험과 저축성 보험 모두 포함)의 만기는 보통 80세에서 90세, 더 나아가 100세까지도 있습니다. 과연 그 엄청난 기간 후에 돌려받는 100퍼센트의 환급금(원금)이라는 것이 '현재를 기준으로 따졌을 때' 얼마만큼 가치가 있는 걸까요? 간단히 계산해 보겠습니다.

30세인 홍길동이 월 보험료가 5만 원인 만기환급형 보험(100퍼센트 환급)에 가입했다고 가정해보겠습니다. 납입 기간은 20년이고, 만기는 100세입니다. 20년 후에 홍길동이 납입한 보험료는 총 1200만 원입니다. 그리고 그때로부터 50년 뒤인 100세에 그 1200만 원을 만기환급금 명목으로 돌려받게 됩니다. 물가 상승률을 연 3퍼센트로 가정한다면, 홍길동이 100세에 수령하게 되는 만기환급금 1200만 원은 과연 현재의 가치로 얼마일까요? 다시 말해 얼마의 구매력을 갖고 있는 것일까요? 답은 150만 원입니다.

물가 상승에 의한 화폐 가치의 하락, 즉 '인플레이션'은 이자를 다루는 금융계에서는 기본 중의 기본으로 취급되는 개념입니다. 하지만 일반 소비자들에게는 생소하기 마련인데, 이를 노린 상품이 바로 (만기)환급형 보험입니다. "납입한 보험료를 모두 돌려받는

다"는 말에 현혹된 일반 소비자들은 물가 상승에 의한 손해를 손해로 인식하지 못한 채 환급형 보험에 가입합니다. 그리고 보험사들은 가입일로부터 환급일까지의 아주 긴 기간 동안(홍길동의 경우는 70년) 거두어들인 보험료로 이자 놀음을 합니다. 그야말로 보험사 좋은 일만 시켜주는 것이 바로 환급형 보험입니다. 요컨대 환급형 보험에 가입할 것이라면 차라리 소멸형 보험을 하나 가입하고, 환급형 보험과 소멸형 보험의 차액만큼을 따로 저축하는 편이 훨씬 이득입니다.

고지 의무(알릴 의무)

계약자는 보험에 가입하기 전에 피보험자의 병력(病歷)과 직업 등(위험 사항)을 청약서에 기입해 이를 보험사에 알려야 할 의무가 있습니다(보험사는 이를 살펴보고 청약 승낙 여부를 결정짓습니다). 이를 **고지 의무** 또는 **알릴 의무**라고 합니다.

보통 청약서에는 "최근 5년 이내에 의사로부터 진찰, 검사를 받고 그 결과 입원, 수술, 정밀검사(심전도, 방사선, 건강진단 등)를 받았거나 계속하여 7일 이상 치료 또는 30일 이상 투약을 받은 적이 있습니까?" "최근 3개월 이내에 의사로부터 진찰, 검사를 통하여 진단을 받았거나 그 결과 치료, 입원, 수술, 투약을 받은 사실이 있습니까?" 따위의 질문이 스무 가지 정도 명기되어 있는데, 이에 대해 아주 꼼꼼히 기입해야 합니다(전화 등의 통신 수단을 활용한 보험 모집의 경우 상담원의 질문이 청약서의 질문표를 대신합니다). 후에 보험사가 '부실 고지(고지 의무 위반)'를 문제 삼아 보험 계약을 해지할 수도 있기 때문입니다.[33]

보험 계약은 《상법》의 규정을 준용하는데, 《상법》 제651조는 '고지 의무 위반으로 인한 계약 해지'를 다음과 같이 명시하고 있습니다.

제651조(고지 의무 위반으로 인한 계약 해지) 보험 계약 당시에 보험 계약자 또는 피보험자가 고의 또는 중대한 과실로 인하여 중요한 사항을 고지하지 아니하거나 부실의 고지를 한 때에는 보험자는 ①그 사실을 안 날로부터 1월 내에, 계약을 체결한 날로부터 3년 내에 한하여 계약을 해지할 수 있다. ②그러나 보험자가 계약 당시에 그 사실을 알았거나 중대한 과실로 인하여 알지 못한 때에는 그러하지 아니하다.

①은 보험사가 고지 의무 위반으로 인한 계약해지권을 언제까지 행사할 수 있는지에 관한 내용입니다. 이에 의거하여 간혹 보험

설계사들이 "고지 의무를 위반해도 3년만 지나면 괜찮다"거나 "나에게 말했으니 청약서에는 적지 않아도 된다"(아무 일 없이 3년이 지나가겠거니 하는 무책임한 영업 방식입니다) 등의 말로 부실 고지를 유도하기도 합니다. 그러나 이런 부실 고지 유도는 엄연한 《보험업법》 위반일뿐더러[34] 나중에 보험 사기에 대한 소송 등으로까지 번질 위험까지 있습니다.

간혹 ②를 이유로 들며 "고지 의무 사항을 보험설계사에게 직접 말했다"고 항변하는 소비자도 있습니다. 그러나 '보험설계사는 보험 계약의 체결을 권유하고 중개하는 사실 행위만을 하는 자이므로 보험사를 대리하여 고지수령권 등을 행사할 수 없다'는 것이 통설입니다.[35] 즉, 고지 의무 사항은 반드시 청약서를 통해 보험사로 직접 전달되어야 합니다.[36]

피보험자의 자필 서명

앞서 설명했듯이 보험 계약은 《상법》의 규정을 준용합니다. 《상법》 제731조 제1항은 "타인의 사망을 보험 사고로 하는 보험 계약에는 보험 계약 체결 시에 그 타인의 서면에 의한 동의를 얻어야 한다"고 명시하고 있습니다. 즉, 계약자와 피보험자가 다른 사망 보험 계약의 경우(예: 아내가 계약자, 남편이 피보험자인 종신 보험)

청약서에 피보험자의 자필 서명이 없으면, 해당 보험 계약은 무효입니다.

예부터 보험사들은 (피보험자와 계약자의 관계에 상관없이) "피보험자의 자필 서명이 미필된 사망 보험은 무효"라며 관련 보험금의 지급을 거부해왔습니다. 때문에 이에 관한 분쟁이 끊이질 않았고, 그 결과 1996년 11월에 '계약자와 피보험자가 다른 보험 계약일 경우 피보험자의 자필 서명이 누락됐다면 《상법》상의 원인 무효'라는 대법원의 확정판결이 내려졌습니다.[37]

당시만 해도 가계의 살림을 책임지는 아내들이 보험 계약 시 가족의 서명을 대신하는 것이 일반적이었습니다. 그리하여 판결 이후 엄청난 사회적 파장이 일었고, 빗발치는 해약 전화를 감당치 못한 보험사들이 같은 해 12월에 "현재 유지되고 있는 계약에 대하여 보험 가입자에게 피해가 가는 일이 없도록 책임을 질 것"이라는 내용을 담은 '보험사 사장단의 결의문'을 일간지에 게재하는 것으로 사건을 일단락 지었습니다.

그렇다면 그 후로 피보험자의 자필 서명이 없는 보험 계약과 관련된 분쟁이 사라졌을까요? 아닙니다. 변함없이 (피보험자와 계약자의 관계에 상관없이) 보험사들은 꾸준하게 피보험자의 자필 서명 미필을 이유로 보험금 지급을 거부해왔고, 이와 관련된 각종 민원과 소송이 지금까지도 끊이지 않고 있습니다. 보험사 사장단의 결의문 발표까지 있었는데 도대체 무엇이 문제였을까요? 바로 그 결의문이 문제였습니다. 《상법》제731조 제1항은 강행규정强行規定(당사자의 의사 여부와 관계없이 강제적으로 적용되는 규정)인지라 결의문이 아무런 법적 효력을 발휘하지 못했던 것입니다. 법무팀까지 꾸리고 있는 보험사들이 이 사실을 몰랐을 리 만무하지요. 결국 결의문은 하나의 '쇼'에 불과했습니다.

그렇다면 만약 계약자와 피보험자가 같은 보험 계약이라면 그때에도 《상법》제731조 제1항이 적용될까요? 2010년 2월 대법원은 '그렇다'는 내용의 확정판결을 내렸습니다(제3자가 타인을 계약자와 피보험자로 상정하여 생명 보험 계약을 체결한 사례였습니다. 남편을 피보험자와 계약자로 하는 종신 보험에 아내가 대신해서 서명한 경우를 떠올리시면 됩니다).[38] 본 판결 이후 다시 피보험자의 자필 서명이 없는 보험 계약이 사람들의 관심을 끌게 되었고, 당시 위기를 모면하기 위해서 보험사들이 꺼낸 카드가 바로 '자필 서명 확인서'입니다. "피보험자가 자필 서명을 하지 않았다 하더라도 보험 계약에는 아무런 문제가 없다"는 내용을 담아서 보험사가 발급해주는 것인데, 이 역시 1996년 12월의 보험사 사장단 결의문과 마찬가지로 아무런 법적 효력이 없습니다. 그리고 이와 함께 피보험자의 자필 서명을 '보완'하는 서비스도 생겨났습니다. 하지만 《상법》 제731조 제1항은 "타인(피보험자)의 서면에 의한 동의를 보험 계약 체결 시에 받아야 한다"고 명기하고 있기 때문에 이 역시도 아무런 법적 효력이 없습니다.

내용을 정리하면 이렇습니다. 피보험자가 자필 서명을 하지 않은 사망 보험 계약은 '확인서'를 받았건, 피보험자가 서명을 '보완'해 '추인追認'(불완전한 법률 행위를 사후에 보충하여 완전하게 하는 의사 표시)했건 간에 확정적으로 '무효'입니다. 무효無效라는 말은 보험 계약이 처음부터 존재하지도 않았다는 것을 뜻합니다(주계약인 사망 보험이 무효가 되면 특약 역시도 함께 무효 처리됩니다). 다시 말해 지금 당신이 피보험자의 서명이 온전치 못한 보험 계약을 보유하고 있다는 것은 '보험이라는 이름의 쓰레기'를 갖고 있는 것과 다를 바가 없습니다. 혹시 그런 보험 계약을 보유하고 계신가요? 어떻게 해야 할까요? 대처법을 일러드리겠습니다.

'지금까지 납입했던 보험료와 소정의 손해배상금'을 보험사에 청구하세요. 처음부터 아예 존재조차 하지 않았던 계약(원인 무효의 계약)이기 때문에 계약이 실효가 되었건, 보험금을 수령했건, 약관

대출을 받았건 간에 돈(기납입 보험료+손해배상금)을 돌려받는 데에는 아무런 문제가 없습니다. 받은 것이 있다면 상계相計하면 그만입니다.

《보험업 감독 업무 시행 세칙》에서는 무효인 보험 계약에 대한 보험사의 손해배상 책임 규정을 명기해두고 있습니다. 보험금 지급 사유가 발생하지 않은 경우에는 "이미 납입한 보험료와 보험료를 납입한 날의 다음 날부터 반환일까지의 기간에 대하여 회사의 보험 계약 대출 이율을 연단위 복리로 계산한 금액"을 손해배상금이라 명기하고 있고, 보험금 지급 사유가 발생한 경우에는 "이미 납입한 보험료와 그 사유에 해당되는 보험금에 상당하는 금액"이라고 명기하고 있습니다. 쉽게 말해서 보험금을 지급받은 적이 없다면 이자가 손해배상금이고, 보험금을 지급받은 적이 있다면 그 보험금이 손해배상금인 것입니다.[39]

하지만 보험사들이 워낙 아전인수에 능해서 기납입 보험료와 손해배상금을 받아내는 것이 그리 녹록하지만은 않을 것입니다. 그렇다고 무효인 보험 계약을 위해서 매달 십 수만 원의 보험료를 언제까지나 납입할 수도 없는 노릇입니다. 역시 방법은 하나뿐입니다. 모두 받아내세요. (이와 관련해서는 4장을 참조해주세요.)

배서, 연장정기, 감액완납

이미 보장성 보험에 가입했다면 그리고 그 내용에 문제가 있다면, 무조건 해약하기보다는 배서, 연장정기, 감액완납 제도를 활용해보세요.

배서란 보험 상품의 계약 내용을 변경하는 것을 말합니다(한번 체결된 보험 계약이라고 해서 변경이 아예 불가능한 것은 아닙니다). 배서 제도를 활용하면 주계약 및 특약을 감액 및 증액, 삭제 또는 추가할 수 있습니다. 증권을 살펴보고 불필요한 보장은 삭제 또는 감액하고, 부족한 보장은 추가 또는 증액하세요.

연장정기란 더 이상의 보험료 납입을 중단하고, 현재의 해약환급금을 기준으로 기존 계약의 보장 기간을 더 짧은 특정 기간으로까지 한정하는 것을 말합니다. 주로 종신 보험에 부가되는 기능입니다. 종신 보험을 정기 보험으로 전환하는 제도라고 이해하시면 됩니다.

감액완납은 연장정기와 반대되는 제도입니다. 연장정기가 보험 가입 금액은 그대로 둔 채로 기간만 조절하는 제도였다면, 감액 완납은 기간을 그대로 둔 채로 보험 가입 금액만 조절하는 제도입니다. 연장정기와 마찬가지로 현재의 해약환급금에 기초하여 보험 가입 금액이 줄어듭니다.

이에 관해 알아두어야 할 것이 하나 있습니다. 실제 현장에서는 배서 및 연장정기, 감액완납 제도가 유용하게 사용되는 경우가 극히 드물다는 사실입니다. "본 계약은 기본 보험료 3만 원을 유지해야 한다" "주계약에 연동하는 특약이기 때문에 증액이 어렵다" "해약환급금이 너무 적다" 등등 보험사가 내거는 제약이 워낙 많기 때문입니다. 그래도 혹시 모르니 꼭 보험사에 문의해보세요.

녹취 등의 증거 확보

지금부터 설명하는 내용은 보장성 보험과 저축성 보험을 막론하고 모든 보험의 가입 시에 적용되는 사항입니다. 보험설계사가 이야기하는 '상품 설명 내용'을 전부 녹취하세요. 그리고 카탈로그 등 관련 자료를 빠짐없이 간수하세요. 이름 하여 '증거 채집'입니다. 일견 비장해 보이기까지 하는 이러한 행동은 '보험설계사의 배신'이라는 혹시 모를 사태에 대비하기 위함입니다.

보험 계약의 체결과 유지·관리·해약 등에 있어서 소비자들이 부닥치는 문제의 대부분은 정보(지식)의 비대칭에서 야기됩니다.

보험은 전형적인 무형無形의 상품입니다. 보험설계사가 '거짓을 말하지 않을 것(사기를 치지 않을 것)이라는 믿음'을 전제로 그가 제시하는 몇몇의 자료(카탈로그 등)와 설명(말)에만 의지해서 계약이 체결됩니다. 고로 '믿음만 전제된다면' 상대적으로 정보(지식)가 많을 수밖에 없는 보험설계사가 얼마든지 소비자의 선택을 자신이 원하는 방향으로 이끌 수 있습니다. 그래서 설마가 사람 잡는 일에 대비해 '보험 가입 과정에서의 증거 채집'이라는 '보험을 위한 보험'이 필요합니다.

물론 믿음이 배신감으로 변질되지 않는다면야 그것만큼 좋은 일은 없을 것입니다. 그러나 세상살이라는 것이 꼭 우리의 기대대로만 흘러가지 않는다는 사실을 우리는 이미 너무도 잘 알고 있지요. 그러니 부디 보험설계사가 보험을 판매하기 위해 설명할 때에는 관련 자료들을 꼼꼼히 챙기시고, 그와 동시에 주저 없이 휴대폰의 녹음 기능을 이용해 녹취하시기 바랍니다.

부ㅈ담보 보험 가입

고혈압이나 당뇨, 고지혈증 등의 이른바 '생활 습관병'을 앓고 있는 경우 보장성 보험에 온전하게 가입하기란 사실상 불가능에 가깝습니다. 가끔씩 보험사가 TV나 홈쇼핑 등을 통해서 "어떤 병을 않고 있어도!" "누구나!" "아무 조건 없이!" 등의 문구로 소비자를 유혹하기도 합니다. 가만히 앉아 상품 내용을 꼼꼼히 살펴보면 죽어야만 보험금이 지급되는 '단순 사망 보험'이거나 너무 많은 내용이 보장되지 않는 '보험 같지도 않은 보험'인 경우가 대부분입니다.

생활 습관병 환자는 온전한 보험 가입을 원하고, 보험설계사는 어떻게든 실적을 올리고 싶어 하니 그 이해가 맞아떨어져서 '고지 의무 위반'이라는 무리수가 횡행하게 되는 것입니다. 앞서 저는 이 것이 매우 위험한 발상임을 피력한 바 있습니다. 그럼 어떻게 해야 할까요?

일단 생활 습관병 환자께서는 보험에 온전하게 가입할 수 있다 는 '희망'을 버리셔야 합니다. 이윤 추구가 목적인 보험사가 질병 발생 확률이 높은 소비자와 그렇지 않은 소비자(이하 보통 소비자)에게 같은 내용의 보험 상품을 판매할 이유는 없습니다. 이는 간과할 수 없는 사보험의 한계입니다. 다시 말해 뒤탈 없이 보험에 가입하고 싶은 생활 습관병 환자께서는 보통 소비자와 다른 조건(좀 더 나쁜 조건)으로 보험에 가입하는 것이 불가피하다는 사실을 받아들이셔야 합니다. 그리고 '부담보 계약'을 통해서 보험에 가입하셔야 합니다.

　병이 있는 사람이 청약서의 고지 의무 사항란에 앓고 있는 병에 대해 솔직히 기재하면 보험사가 그것을 토대로(진단서 등을 추가로 요구하기도 합니다) 관련 부위 또는 질병에 대해서는 (일정 기간 또는 전 기간에 걸쳐서) 보장하지 않겠다는 조건을 내겁니다(반드시 이런 조건이 붙는 것은 아닙니다). 그리고 계약자가 이를 받아들이면 '일반 보험보다 보장이 협소한 보험 계약'이 체결되는데, 이를 '부不담보 보험 계약'이라고 합니다.

　가입 절차는 일반 보험과 다를 바 없습니다. 다만 계약 인수 기준(어떤 보장으로 가입을 받아줄 것인지에 대한 기준)이 보험사마다 다릅니다. 즉, A보험사에서 가입을 거절당했다고 해서 B보험사에서도 가입이 안 되는 것은 아닙니다. 따라서 생활 습관병 환자께서는 자신에게 좀 더 유리한 가입 조건을 제시하는 보험사를 찾기 위해 보통 소비자들보다 조금 더 품을 파셔야 합니다.

　이상의 조언이 냉정하게 느껴질지도 모르겠습니다. 그러나 이것이 바로 보험 가입의 정도正道입니다. 컨설턴트로서의 양심상, 문제가 생길 가능성이 농후한 방법(고지 의무 위반)을 무슨 비법인 양 권유해드릴 수는 없습니다. 양해해주셨으면 합니다.

 # 당신이 가입한 보장성 보험을 의심하라

우리는 보험 사고 발생 시 보험사가 보험 계약의 내용(약속)을 반드시 지킬 것이라는(보험금을 반드시 지급해줄 것이라는) 믿음을 바탕으로 보험에 가입합니다. 그런데 혹시 이런 믿음이 '너무 순진하다'고 생각해보신 적은 없나요?

우리는 신체적 손해(1차적 위험)에 의한 금융적 손해(2차적 위험)를 헤지하기 위해 보장성 보험에 가입합니다. 다시 말해 우리가 보장성 보험 가입을 통해 얻고자 하는 실익은 결국 '돈'입니다. 그런데 보험사도 '돈' 때문에 사업을 벌입니다. 즉, 우리와 보험사는 서로 원하는 것이 같습니다. 서로의 이해관계가 완전히 상충하는 것이지요.

보험사와 소비자가 놓인 상황을 게임으로 상정해보겠습니다. 소비자와 보험사, 두 플레이어가 게임을 펼칩니다. 둘은 각자 최대 이익(돈)을 얻기 위해 노력합니다. 그러면 각 플레이어가 게임에서 승리하기 위한 '최선의 전략'을 살펴보겠습니다.

먼저 소비자의 전략입니다. 소비자가 최대의 이익을 얻으려면 다음의 방법이 필요합니다. 내는 돈(보험료)은 적게, 받는 돈(보험금)은 많이(보험료＜보험금). 소비자는 보험 가입 시점과 사고 발생 시점을 최대한 근접하게 조작해야 합니다. 즉, 보험 가입일로부터 머지않아 차에 치이거나 병에 걸려야 하고, 몸이 회복되기가 무섭게 다시 그 일을 반복해야 합니다. 그렇습니다. 얼토당토않은 내용의 전략입니다. 그러나 이런 식의 전략을 구사하는 자들이 아예 없는 것은 아닙니다. 가끔씩 뉴스에 등장하는 '보험 사기단'이 바로 그런 자들입니다.

이어서 보험사의 전략입니다. 보험사가 최대의 이익을 얻기 위해서는 다음의 방법이 필요합니다. 받는 돈(보험료)은 많이, 주는 돈(보험금)은 적게(보험료＞보험금). 보험사는 청약서와 약관 등에 여러 함정을 파놓아야 합니다. 그리고 시치미 떼고 보험료를 꾸준히 받다가 언젠가 소비자가 보험금 지급을 요청했을 때에 그 함정들을 이용해서 단칼에 지급 거절 의사를 밝혀야 합니다. 단, 모든 보험금의 지급 청구를 거절해서는 안 됩니다. 그랬다가는 아무도 보험에 가입하지 않을 테니까요. 요컨대 보험사는 '마땅히 주어야 할 보험금을 주지 않아야' 최대의 이익을 거둘 수 있습니다. 그런데 놀랍게도 실제로 보험사는 이런 식의 전략을 탁월하게 구사합니다. 보험료의 부_不지급 목표액을 설정해놓고 그 달성 금액을 실적으로 치환하여 직원들의 인사고과에 반영한다는 사실 또한 잘 알려진 사실입니다.[40] 보통 보험금 청구 100건 중 1건 정도가 거절됩니다.[41]

이처럼 보험사와 소비자의 이해관계는 완전히 상반됩니다(서로가 상대방의 '돈'을 원하지요). 또 게임의 룰은 소비자에게 매우 불리하게 조직되어 있습니다. 소비자는 '최대의 이익을 얻기 위한 최선의 전략'을 구사할 수 없는 반면 보험사는 그럴 수 있습니다. 사고(보험금 지급 사유) 발생 후에 취할 수 있는 각각의 선택 사항들을 따져 보면 이 불평등이 얼마나 큰지 명료하게 다가옵니다. 다시 보험 게임으로 돌아가 보겠습니다.

소비자에게 사고가 발생했습니다. 이때 소비자는 다음의 두 가지 행동 중 하나를 취하게 됩니다.

1. 보험금 지급을 청구한다.
2. 보험금 지급을 청구하지 않는다.

응당 1의 행동을 취하겠지요. 이제 보험사는 소비자의 행동 1에 대응하여 다음의 두 가지 행동 중 하나를 취합니다.

1. 보험금을 지급해준다.

2. 보험금을 지급해주지 않는다.

이 경우 우리는 보험사가 어떠한 행동을 취할지 알 수 없습니다. 그러나 보험사가 1과 2를 두루 취할 수 있다는 사실은 잘 알고 있습니다. 즉, 칼자루를 쥔 것은 결국 보험사인 거지요.

보험사가 소비자의 보험금 지급 청구를 거절하며 내세우는 명분은 다양합니다. "보험금 지급 사유인 본 병病은 환자가 과거로부터 앓았던 질병, 즉 기왕증旣往症이다"[42] "중대한 질병이 아니다"[43] "직접 목적의 치료가 아니다"[44] 등등. 그중 가장 중요한 세 가지를 추려서 옮겨보겠습니다. 제 경험에 따르면 다음의 세 가지에는 나름의 순서가 있습니다. 그 순서에 따라 설명해보겠습니다.

보험금 지급 청구를 거절하기로 마음먹은 보험사는 가장 먼저 청약서상의 피보험자 서명이 본인의 것인지 확인합니다. 앞서 피보험자의 자필 서명이 미필된 보험 계약은 무효라고 설명한 것을 기억하시지요? 만약 서명이 완벽하다면, 다음으로 '고지 의무 위반 사항'을 찾습니다. 대부분의 보험 계약이 본 단계를 넘지 못합니다. 보통 보험사는 청약서를 통해서 청약일로부터 5년 이내의 진단, 검사, 치료, 투약 등의 사실을 묻습니다. 그런데 그제 먹은 저녁 반찬이 무엇인지도 헷갈려 하는 것이 사람입니다. 그것들을 모조리 다 기억해내서 적을 리가 만무하지요. 이 '수법'은 가히 노골적입니다. 보험금 청구 시점이 아니라 '보험 계약 청약 시점'에 미리 5년 이내의 진단, 검사, 치료 등의 사항을 조사한다면 이런 촌극쯤이야 진작 예방할 수 있기 때문입니다.

그래도 계약해지권의 행사 기간이 경과하는 등의 사유(106쪽 참조)로 인해 '고지 의무 위반'이라는 단계마저 무사히 통과하는 경우가 있습니다. 그때에 보험사는 마지막 방법을 씁니다. 여러 이유를 들어서(이유는 만들기 나름입니다) '지급해줄 보험금이 없다'는 내용의 '채무부존재확인 소송'을 제기합니다. 또는 '보험 사기' 명목으로 형사 고소하기도 합니다.

그러면 소비자는 졸지에 병원과 법원을 동시에 오가야 하는, 그리고 병원비에 더해 소송에 드는 각종 비용까지 부담해야 하는 아주 난감한 지경에 놓이게 됩니다. 또한 익숙지 않은 소송으로 인해(살면서 소송을 겪어보는 사람이 몇이나 될까요?) 심리적으로도 강한 압박을 받게 됩니다. 반면 보험사는 소송 중이라는 이유로 보험금 지급을 '합법적으로' 유예받습니다. 게다가 보험사라는 법인체는 소비자와 다르게 소송에 아주 능하지요. 금융감독원이 2013년 7월 새누리당 김용태 의원에게 제출한 《보험사별 소송 현황》에 따르면 2008년부터 2013년 상반기까지 총 5년간 16개 손해보험사와 23개 생명보험사가 3만 642건의 소송을 진행한 것으로 밝혀졌습니다. 하루 평균 무려 16.5건입니다.

소송은 2년을 넘기기 일쑤입니다. 소비자는 돈이 급하고(돈이 많았으면 애초에 보험에 가입할 이유도 없었겠지요), 보험사는 돈을 내어주지 않아도 되니 소송으로 인해 지치는 건 결국 소비자입니다. 시간이 어느 정도 흐르면 보험사 직원 또는 보험사와 계약관계에 놓인 손해사정인이 소비자를 찾아와 다음과 같이 회유합니다. "송사 2년이면 집안 거덜 나는 거 아시죠? (원래 5000만 원 받을 것) 그냥 2000만 원에 합의 보는 게 어떠십니까?"[45]

보장성 보험 가입 = 딜레마

그렇다면 이제 '위험의 공식'은 다음과 같이 다시 작성해야 합니다.

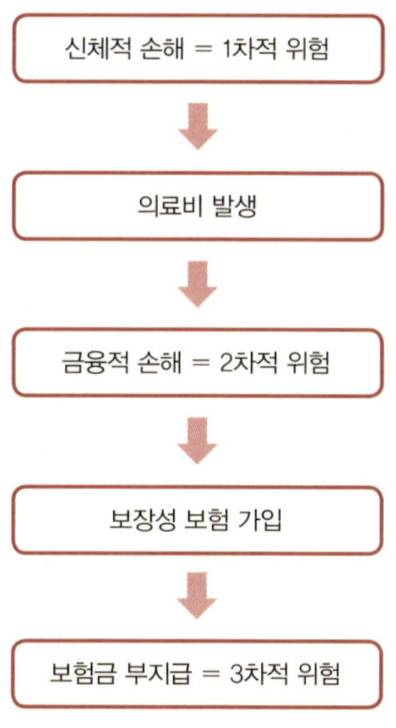

3차적 위험으로 번지는 위험의 공식

보장성 보험에 가입해도 보험사가 보험금을 지급해주지 않을 상수常數가 존재하기 때문에 금융적 손해(2차적 위험)가 완전 헤지 perfect hedge가 아닌 불완전 헤지imperfect hedge 상태에 머물게 되는 것입니다. 다시 말해 2차적 위험이 '필연적으로' 3차적 위험으로까지 번지게 되는 것입니다.

언젠가 보험사의 보험금 부지급이 두려워서 같은 내용의 보험을 여러 보험사에 중복 가입해둔 이를 만난 적이 있습니다. 그는 "달걀을 한 바구니에 담아둘 수는 없다"며 자신의 보험 증권들을

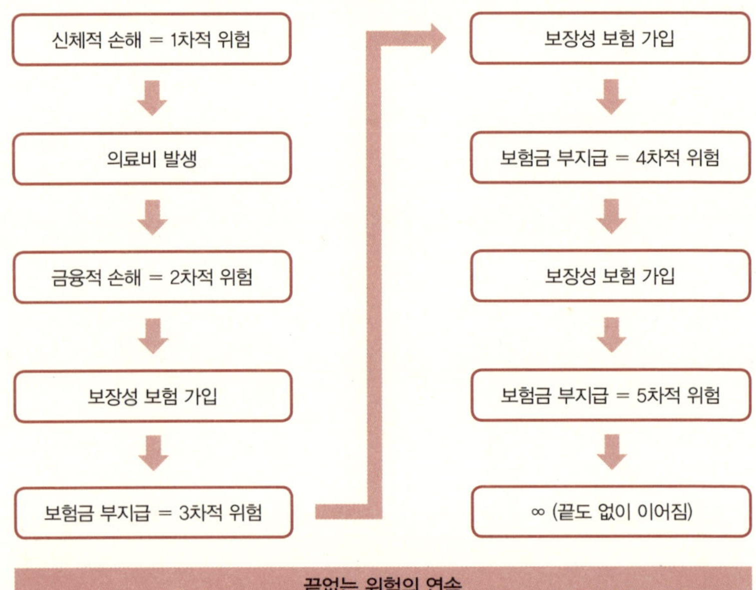

자랑스럽게 내보였습니다. 하지만 그렇게 해봐야 3차적 위험은 계속해서 다른 차수의 위험으로 번질 따름입니다. 위와 같이 말입니다.

우리가 보장성 보험에 가입하는 이유는 감기·몸살이나 골절 치료비 1~2만 원을 보상받기 위함이 아닙니다. 언젠가 부담하게 될지도 모를 수천만 원의 재앙적 의료비를 준비하기 위함입니다. 이런 이유로 재무학에서는 보험 가입 행위를 일컬어 "위험의 전가"라고 표현합니다. '감히 보유할 수 없을 만큼 큰 위험이니 보유하지 않고 보험사에 떠넘긴다'는 뜻입니다. 그런데 넘긴 그 위험을 다시 되돌려준다? 코미디나 다름없는 상황이 벌어지고 있는 것입니다.

보험설계사들은 다음의 네 가지를 '이상적인 보험의 조건'으로 듭니다.

1. 충분한 보장
2. 폭넓은 보장
3. 장기간 보장
4. 적정한 보험료

그들이 주로 하는 일은 위의 네 가지 조건에 맞는 상품을 발굴하고, 또 설계하는 것입니다. 그래서 그들의 수고는 언제까지나 '헛수고'일 수밖에 없습니다. 위의 네 가지 조건이 온전한 힘을 발휘하려면 "보험사가 반드시 보험금 지급 약속을 지킬 것"이라는 명제가 참이어야 하기 때문입니다. 하지만 앞에서 살펴보았듯이 이 명제는 새빨간 거짓입니다.

이제 우리는 지금까지 공부한 여러 보장성 보험의 가입 방법들이 실은 사상누각에 불과하다는 허무한 결론에 이르렀습니다. 그럼 보장성 보험의 가입을 아예 포기해야 하는 걸까요? 열심히 공부한 보장성 보험 가입 방법론을 모두 쓰레기통에 버려야 하는 걸까요? 아닙니다. 차마 그럴 수는 없습니다. 그러기엔 우리가 처해 있는 상황이 일종의 딜레마이기 때문입니다. 보장성 보험에 가입하지 않자니 언젠가 닥칠지 모를 재앙적 의료비가 두렵고, 그렇다고 덮어놓고 가입하자니 보험금을 지급받지 못할까 봐 걱정입니다. 그렇다고 다른 뾰족한 묘책도 없기에(동시에 보험사가 보험금을 지급해줄 가능성도 존재하기에) 울며 겨자 먹기 식으로 가입하는 수밖에는 없는 것입니다.

보험사의 보험금 부지급에 대한 불안감에서 벗어나는 가장 확실한 방법은 수천만 원의 현금을 의료비 등의 용도로 따로 저축해두는 것입니다. 현금은 보험처럼 질병과 사고의 종류, 당사자가 누구인지 묻지도 따지지도 않기 때문에 보험보다 훨씬 효율이 높습니다. 그러나 애초에 우리에게 그런 현금이 있었다면 보장성 보험에 가입할 이유는 없었을 것입니다. 즉, '의료비와 생활비의 현금 보유'라는 멋진 방법은 몇몇 부자들이나 취할 수 있는 아주 특별한 방법인 것이지요. 평범한 살림살이의 우리는 어쨌거나 보장성 보험에 가입하는 수밖에는 다른 방도가 없는 것입니다.

완벽하지는 않지만 꽤 현실적인 대안

사실 보장성 보험에 관한 딜레마를 풀 수 있는 열쇠가 없는 것은 아닙니다. 완벽하지는 않지만 꽤 현실적인 대안이 하나 있습니다. 바로 건강보험의 보장률을 높이는 것입니다.

국민건강보험공단 자료에 따르면, 현재 건강보험의 보장률은 62.5퍼센트입니다.[46] 평균적으로 따졌을 때 진료비 총액이 100만 원이라면, 그중 62만 5000원을 건강보험이 부담하고 나머지 37만 5000원을 환자 또는 실손형 보험이 부담한다는 뜻입니다.

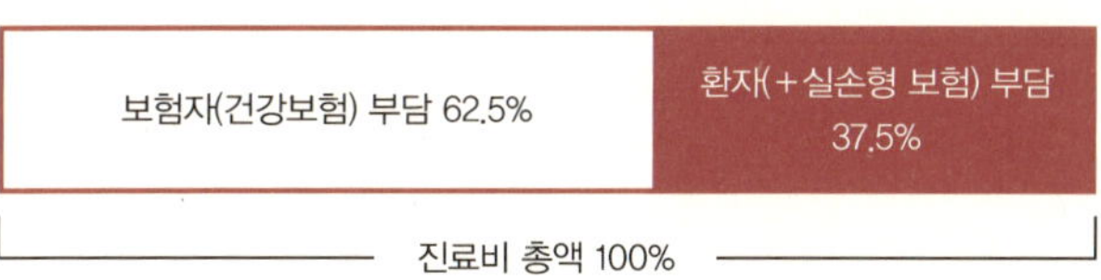

오른쪽 부분이 바로 '발등에 떨어진 불'입니다. 우리는 저 37.5퍼센트의 미지의 의료비가 두려워 실손형 보험에 가입합니다. 한편으로는 진료비(병원비) 영역 밖에 존재하는 상실될 생활비 등을 위해 정액형 보험에 가입합니다. 다시 한 번 설명하자면, 실손형 보험은 의료적이고 정액형 보험은 금융적이기에 상대적으로 중요한 실손형 보험부터 가입하는 것이 좋습니다.

그런데 위의 그림을 다음과 같이 바꾸면 미지의 의료비에 대한 우리의 두려움은 사라집니다.

보험자(건강보험) 부담 100%

진료비 총액 100%

62.5퍼센트인 현재의 건강보험 보장률을 100퍼센트로 키운 그림입니다. 이렇게 되면 일상에서는 '병원비'라는 말이 아예 사라질 것입니다.

실손형 보험은 건강보험을 카피한 '미투me too 상품'입니다. 둘은 서로 같은 영역(진료비)의 문제를 비슷한 방식의 해법(실제 손해액 중 일부를 보상)으로 접근합니다. 그러므로 건강보험의 보장률을 키우는 문제는 곧 실손형 보험의 영향력을 축소시키는 문제이기도 합니다. 즉, 두 보험을 비교하여 소비자 입장에서 건강보험이 유리하다는 결론이 도출된다면 "62.5퍼센트인 현재의 건강보험 보장률을 100퍼센트로 키워야 한다"는 주장이 힘을 얻을 수 있습니다. 세 가지만 간략하게 비교해보도록 하겠습니다.

먼저, 지급률(보험금/보험료 × 100)의 문제입니다. 실손형 보험을

비롯해 보험사가 판매하는 모든 보장성 보험은 다음의 지급률 공
식을 따릅니다.

$$보험금 < 보험료$$

보험사는 계약자들로부터 거두어들인 보험료 이상을 보험금으
로 지출할 수 없습니다. 그것은 곧 손해를 의미하기 때문입니다(한
분석에 따르면 암 보험은 보통 30퍼센트대의 지급률을 보인다고 합니다).[47]
반면 건강보험은 다음의 지급률 공식을 따릅니다.

$$보험금 > 보험료$$

어떻게 이런 공식이 가능할까요? 건강보험의 보험료를 가입자
만 부담하는 것이 아니기 때문입니다. 사용자(회사)가 직장가입자
(노동자)[48]의 보험료를 절반 부담해주고, 거기에 국고 지원금이 일
부 더해집니다. 이로 인해 건강보험의 보험금 지급 여력이 가입자
가 낸 보험료의 총액보다 훨씬 더 커지게 되는 것이지요. 국민건강
보험공단의 회계 자료에 따르면, 건강보험 가입자는 낸 돈(보험료)
의 거의 두 배(180퍼센트)를 돌려받습니다.[49]

둘째, '언더라이팅underwriting'(청약서의 고지 의무 사항이나 건강 진단 결과 등을 토대로 보험 가입 승낙 여부를 판단하는 심사 과정)에 관한 사항입니다. 모름지기 보험으로 이윤을 창출하려면 받은 보험료보다 줄 보험금이 적어야 합니다(보험료-보험금=이윤). 둘의 사이가 멀어질수록 이윤의 크기는 점점 더 커지지요(보험료↑-보험금↓=이윤↑). 따라서 실손형 보험을 비롯해 보험사가 판매하는 모든 보장성 보험은 보험금 수령의 가능성이 높은 이른바 '고위험군'(질병 보유자 및 위험직업군 종사자 등)의 가입을 원천 배제합니다. 반면《헌법》제34조 제1항 "모든 국민은 인간다운 생활을 할 권리를 가진다"와 제2항 "국가는 사회보장 사회복지의 증진에 노력할 의무를 진다"에 근간을 두는 건강보험은 국민이라면 누구나 가입할 수 있습니다. 즉, 언더라이팅이라는 개념 자체가 아예 없는 것이지요.

셋째, 우리에게 딜레마를 초래한 '보험금 부지급'에 관한 문제입니다. 주지하고 있다시피 건강보험은 보험금 부지급의 위험성이 전혀 없습니다.

그러니까 소비자 입장에서 냉정히 따져보면, 낸 돈보다 적게 돌려주고, 사람 골라서 가입받고, 보험금 부지급의 위험성이 내재되어 있는 실손형 보험보다는 낸 돈보다 더 많이 돌려주고, 사람 골라서 가입받지 않으며, 보험금 부지급의 위험성이 없는 건강보험에 가입하는 편이 가계에 훨씬 이득인 것입니다. 더 나아가 만일 실손형 보험에 들어가는 보험료를 건강보험으로 돌려서 건강보험의 보장률을 100퍼센트로 만들 수만 있다면 우리는 분명 기꺼이 그렇게 할 것입니다.

뚱딴지같은 소리가 아닙니다. 실제로 시민 단체와 진보 정당 등을 중심으로 이전부터 꾸준하게 제의되어온 정책입니다. 지난 18대 대선에서는 상황이 급진하여 민주통합당(현 새정치민주연합) 문재인 후보가 "연 100만 원 초과분의 병원비는 모두 건강보험으로 보장 가능하게 해주겠다"며 '100만 원 상한제'라는 이름의 공약을 내걸기까지 했습니다. 가구당 월평균 3만 원씩의 건강보험 보험료를 더 걷으면 실현 가능하다는 계산에서 나온 공약이었습니다. 하지만 대선에서 민주통합당은 석패하였고, 그 결과 아직까지도 건강보험 보장률은 60퍼센트 초반에 머물고 있는 실정입니다.

속아서 가입한 보험,
보험료 돌려받는 방법

 ## 보험설계사 말에 속아 가입한 보험,
납입 원금+α 돌려받을 수 있다

'불완전 판매'에 의한 보험 계약. 쉽게 말해, 알고 보니 보험설계사의 설명과는 다른 보험 계약을 말합니다. 우리 주위에는 이런 보험 계약을 체결한 이들이 아주 많습니다. "연금 보험인 줄 알고 가입했는데 종신 보험이더라" "원금이 모두 투자되는 줄 알았는데 10퍼센트 넘게 수수료로 빠져나가더라" 하는 식이지요. 언젠가 속았다는 생각이 들어서 해약을 하려고 알아보면, 해약환급금이 원금의 절반에도 미치지 못하는 경우가 부지기수입니다. 해약하면 손해 보는 돈이 어디 한두 푼이어야지요. 지금부터는 잘못 가입한 보험 계약의 보험료를 돌려받는 방법을 알아보도록 하겠습니다.

15일과 3개월

먼저 제일 간단한 방법입니다. 계약자는 보험 계약을 청약한 날 (보험료가 빠져나간 날)로부터 15일 이내에 그 청약을 취소할 수 있습니다. 이를 **청약 철회**라 합니다. 전화나 우편, 인터넷 등의 통신 수단을 이용한 통신 판매 계약의 경우에는 30일 이내에 청약을 철회할 수 있습니다.

보험사는 계약자가 청약 철회를 접수한 날로부터 3영업일 이내에 납입한 보험료를 계약자에게 돌려주어야 합니다. 만약 보험료의 반환이 늦어진다면, 그 기간에 대해 해당 보험 계약의 보험 계약 대출 이율을 연단위 복리도 계산한 금액을 더해 지급해주어야 합니다. 단, 제1회 보험료를 신용카드로 납입한 계약의 청약을 철회하는 경우에는 이자가 지급되지 않습니다.

또한 약관 및 계약자 보관용 청약서를 보험 계약을 청약할 때 지급받지 못했거나 약관의 중요한 내용을 설명받지 못했을 때에도 계약자는 보험 계약 청약일로부터 3개월 이내에 그 계약을 취소할 수 있습니다. 이 경우 보험사는 보험료를 받은 기간에 대하여 보험 계약 대출 이율을 연단위 복리로 계산한 금액을 더해 지급해주어야 합니다.

1단계: 증거 취합

이제부터는 청약 철회권 행사 기간 등을 넘긴 보험의 보험료를 돌려받는 방법에 대한 설명입니다. 가입 기간이 좀 된 보험은 보험사 및 금융감독원에 민원을 제기하여 돈을 돌려받아야 합니다. 이는 총 여섯 단계의 절차로 진행되는데, 먼저 1단계입니다.

대부분 보험 민원의 핵심 쟁점은 '보험설계사의 설명과 실제의 계약(상품) 내용이 다르다'는 데 있습니다. 이를 보험사에 주장하는 것이 바로 **보험사 민원**입니다. 한편 금융감독원에 주장하면 **금융감독원 민원**이 됩니다.

보험사 민원은 3자 구도의 형태를 띱니다. 먼저 계약자가 보험사에 민원을 제기하면 보험사가 보험설계사에게 사실 관계를 묻고, 계약자의 주장과 보험설계사의 증언이 일치할 시에 해당 민원을 보험사가 수용하는 식입니다. 금융감독원 민원은 계약자가 금융감독원에 민원을 제기하면 금융감독원이 보험사에 묻고, 보험사가 다시 보험설계사에게 묻는 4자 구도의 형태를 띱니다.

민원에서 계약자와 보험설계사의 주장이 서로 일치하는 경우는 극히 드뭅니다. 결국 부합하는 증거를 제시하는 쪽의 주장에 힘이 실리게 되는 것이지요. 그래서 계약 체결 과정에서 녹취 등의 증거 확보가 필요한 것입니다.

대면 영업에 의해 계약을 체결했다면 안내 자료 및 청약서 등을 한 데 모아두세요. 만약 통신 영업에 의해 계약을 체결했다면 보험사에 요청해서 녹취를 확보하세요.

2단계: 위법 사항 파악

2단계에서는 1단계에서 모은 자료들을 분석하여 보험설계사가 저지른 위법 사항을 찾아냅니다. 보통 불완전 판매는 "보험 계약자나 피보험자에게 보험 상품의 내용을 사실과 다르게 알리거나 그 내용의 중요한 사항을 알리지 아니하는 행위"를 금지하는 《보험업법》 제97조 제1항 제1호 "보험 계약의 체결 또는 모집에 관한 금지 행위"를 위반합니다. 이 밖에도 주로 위법하는 사항들이 있는데 그 내용은 다음과 같습니다. 아래에서 위법 사항을 찾아내시면 됩니다.

보험설계사들이 주로 위법하는 사항: 《보험업법》 제95조~제98조

제95조(보험 안내 자료)

① 모집을 위하여 사용하는 보험 안내 자료(이하 "보험 안내 자료"라 한다)에는 다음 각 호의 사항을 명백하고 알기 쉽게 적어야 한다.

  1. 보험 회사의 상호나 명칭 또는 보험설계사·보험대리점 또는 보험중개사의 이름·상호나 명칭

  2. 보험 가입에 따른 권리·의무에 관한 주요 사항

  3. 보험 약관으로 정하는 보장에 관한 사항

  3의 2. 보험금 지급 제한 조건에 관한 사항

  4. 해약환급금에 관한 사항

  5. 《예금자보호법》에 따른 예금자 보호와 관련된 사항

  6. 그 밖에 보험 계약자를 보호하기 위하여 대통령령으로 정하는 사항

② 보험 안내 자료에 보험 회사의 자산과 부채에 관한 사항을 적는 경우에는 제118조에 따라 금융위원회에 제출한 서류에 적힌 사항과 다른 내용의 것을 적지 못한다.

③ 보험 안내 자료에는 보험 회사의 장래의 이익 배당 또는 잉여금 분배에 대한 예상에 관한 사항을 적지 못한다. 다만, 보험 계약자의 이해를 돕기 위하여 금융위원회가 필요하다고 인정하여 정하는 경우에는 그러하지 아니하다.

④ 방송·인터넷 홈페이지 등 그 밖의 방법으로 모집을 위하여 보험 회사의 자산 및 부채에 관한 사항과 장래의 이익 배당 또는 잉여금 분배에 대한 예상에 관한 사항을 불특정다수인에게 알리는 경우에는 제2항 및 제3항을 준용한다.

제95조의 2(설명 의무 등)

① 보험 회사 또는 보험의 모집에 종사하는 자는 일반 보험 계약자에게 보험 계약 체결을 권유하는 경우에는 보험료, 보장 범위, 보험금 지급 제한 사유 등 대통령령으로 정하는 보험 계약의 중요 사항을 일반 보험 계약자가 이해할 수 있도록 설명하여야 한다.

② 보험 회사 또는 보험의 모집에 종사하는 자는 제1항에 따라 설명한 내용을 일반 보험 계약자가 이해하였음을 서명, 기명날인, 녹취, 그 밖에 대통령령으로 정하는 방법으로 확인을 받아야 한다.

③ 보험 회사는 보험 계약의 체결 시부터 보험금 지급 시까지의 주요 과정을 대통령령으로 정하는 바에 따라 일반 보험 계약자에게 설명하여야 한다. 다만, 일반 보험 계약자가 설명을 거부하는 경우에는 그러하지 아니하다.

④ 보험 회사는 일반 보험 계약자가 보험금 지급을 요청한 경우에는 대통령령으로 정하는 바에 따라 보험금의 지급 절차 및 지급 내역 등을 설명하여야 하며, 보험금을 감액하여 지급하거나 지급하지 아니하는 경우에는 그 사유를 설명하여야 한다.

제95조의 3(적합성의 원칙)

① 보험 회사 또는 보험의 모집에 종사하는 자는 일반 보험 계약자가 보험 계약을 체결하기 전에 면담 또는 질문을 통하여 보험 계약자의 연령, 재산 상황, 보험 가입의 목적 등 대통령령으로 정하는 사항을 파악하고 일반 보험 계약자의 서명(《전자서명법》 제2조 제2호에 따른 전자서명을 포함한다), 기명날인, 녹취, 그 밖에 대통령령으로 정하는 방법으로 확인을 받아 유지·관리하여야 하며, 확인받은 내용은 일반 보험 계약자에게 지체 없이 제공하여야 한다.

② 보험 회사 또는 보험의 모집에 종사하는 자는 일반 보험 계약자의 연령, 재산 상황, 보험 가입의 목적 등에 비추어 그 일반 보험 계약자에게 적합하지 아니하다고 인정되는 보험 계약의 체결을 권유하여서는 아니 된다.

③ 제1항 및 제2항을 적용받는 보험 상품은 대통령령으로 정한다.

④ 보험 회사 및 보험의 모집에 종사하는 자가 제1항에 따라 확인을 받아야 할 내용 및 확인 내용의 유지·관리 기간은 대통령령으로 정한다.

제95조의 4(모집 광고 관련 준수 사항)

① 보험 회사 또는 보험의 모집에 종사하는 자가 보험 상품에 관하여 광고를 하는 경우에는 보험 계약자가 보험 상품의 내용을 오해하지 아니하도록 명확하고 공정하게 전달하여야 한다.

② 보험 회사 또는 보험의 모집에 종사하는 자가 보험 상품에 관하여 광고를 하는 경우에는 다음 각 호의 내용이 포함되어야 한다.

1. 보험 계약 체결 전에 상품설명서 및 약관을 읽어볼 것을 권유하는 내용

2. 보험 계약자가 기존에 체결했던 보험 계약을 해지하고 다른 보험 계약을 체결하면 보험 인수가 거절되거나 보험료가 인상되거나 보장 내용이 달라질 수

있다는 내용

3. 변액 보험 계약과 관련하여 대통령령으로 정하는 내용

4. 그 밖에 대통령령으로 정하는 내용

③ 보험 회사 또는 보험의 모집에 종사하는 자가 보험 상품에 대하여 광고를 하는 경우에는 다음 각 호의 행위를 하여서는 아니 된다.

1. 보험금 지급 한도, 지급 제한 조건, 면책 사항, 감액 지급 사항 등을 누락하거나 충분히 고지하지 아니하여 제한 없이 보험금을 수령할 수 있는 것으로 오인하게 하는 행위

2. 보장 금액이 큰 특정 내용만을 강조하거나 고액 보험금 수령 사례 등을 소개하여 보험금을 많이 지급하는 것으로 오인하게 하는 행위

3. 보험료를 일할로 분할하여 표시하거나 보험료 산출 기준(보험 가입 금액, 보험료 납입 기간, 보험 기간, 성별, 연령 등)을 불충분하게 설명하여 보험료가 저렴한 것으로 오인하게 하는 행위

4. 만기 시 자동 갱신되는 보험 상품의 경우 갱신 시 보험료가 인상될 수 있음을 보험 계약자가 인지할 수 있도록 충분히 고지하지 아니하는 행위

5. 금리 및 투자 실적에 따라 만기환급금이 변동이 될 수 있는 보험 상품의 경우 만기환급금이 보험 만기일에 확정적으로 지급되는 것으로 오인하게 하는 행위

6. 그 밖에 보험 계약자 보호를 위하여 대통령령으로 정하는 행위

④ 제1항 및 제2항 각 호에 관한 구체적인 내용, 보험 회사 또는 보험의 모집에 종사하는 자가 광고를 하는 방법 및 절차, 그 밖에 필요한 사항은 대통령령으로 정한다.

⑤ 보험 회사 또는 보험의 모집에 종사하는 자가 광고를 할 때 《표시·광고의 공정화에 관한 법률》 제4조 제1항에 따른 표시·광고 사항이 있는 경우에는 같은 법에서 정하는 바에 따른다.

⑥ 보험협회는 필요하면 보험 회사 또는 보험의 모집에 종사하는 자로부터 광고물을 미리 제출받아 보험 회사 등의 광고가 이 법이 정한 광고 기준을 지키는지를 확인할 수 있다.

제95조의 5(중복 계약 체결 확인 의무)

① 보험 회사 또는 보험의 모집에 종사하는 자는 대통령령으로 정하는 보험 계약

을 모집하기 전에 보험 계약자가 되려는 자의 동의를 얻어 모집하고자 하는 보험 계약과 동일한 위험을 보장하는 보험 계약을 체결하고 있는지를 확인하여야 하며 확인한 내용을 보험 계약자가 되려는 자에게 즉시 알려야 한다.

② 제1항의 중복 계약 체결의 확인 절차 등에 관하여 필요한 사항은 대통령령으로 정한다.

제96조(통신 수단을 이용한 모집·철회 및 해지 등 관련 준수 사항)

① 전화·우편·컴퓨터통신 등 통신 수단을 이용하여 모집을 하는 자는 제83조에 따라 모집을 할 수 있는 자이어야 하며, 다른 사람의 평온한 생활을 침해하는 방법으로 모집을 하여서는 아니 된다.

② 보험 회사는 다음 각 호의 어느 하나에 해당하는 경우 통신 수단을 이용할 수 있도록 하여야 한다.

1. 보험 계약을 청약한 자가 청약의 내용을 확인·정정 요청하거나 청약을 철회하고자 하는 경우

2. 보험 계약자가 체결한 계약의 내용을 확인하고자 하는 경우

3. 보험 계약자가 체결한 계약을 해지하고자 하는 경우(보험 계약자가 계약을 체결하기 전에 통신 수단을 이용한 계약 해지에 동의한 경우에 한한다)

③ 제1항에 따른 통신 수단을 이용하여 모집을 하는 방법과 제2항에 따른 통신 수단을 이용한 청약 철회 등을 하는 방법에 관하여 필요한 사항은 대통령령으로 정한다.

제97조(보험 계약의 체결 또는 모집에 관한 금지 행위)

① 보험 계약의 체결 또는 모집에 종사하는 자는 그 체결 또는 모집에 관하여 다음 각 호의 어느 하나에 해당하는 행위를 하여서는 아니 된다.

1. 보험 계약자나 피보험자에게 보험 상품의 내용을 사실과 다르게 알리거나 그 내용의 중요한 사항을 알리지 아니하는 행위

2. 보험 계약자나 피보험자에게 보험 상품의 내용의 일부에 대하여 비교의 대상 및 기준을 분명하게 밝히지 아니하거나 객관적인 근거 없이 다른 보험 상품과 비교하여 그 보험 상품이 우수하거나 유리하다고 알리는 행위

3. 보험 계약자나 피보험자가 보험 상품의 중요한 사항을 보험 회사에 알리는 것을 방해하거나 알리지 아니할 것을 권유하는 행위

4. 보험 계약자나 피보험자가 보험 상품의 중요한 사항에 대하여 부실한 사항을 보험 회사에 알릴 것을 권유하는 행위

5. 보험 계약자 또는 피보험자로 하여금 이미 성립된 보험 계약(이하 이 조에서 "기존 보험 계약"이라 한다)을 부당하게 소멸시킴으로써 새로운 보험 계약(대통령령으로 정하는 바에 따라 기존 보험 계약과 보장 내용 등이 비슷한 경우만 해당한다. 이하 이 조에서 같다)을 청약하게 하거나 새로운 보험 계약을 청약하게 함으로써 기존 보험 계약을 부당하게 소멸시키거나 그 밖에 부당하게 보험 계약을 청약하게 하거나 이러한 것을 권유하는 행위

6. 실제 명의인이 아닌 자의 보험 계약을 모집하거나 실제 명의인의 동의가 없는 보험 계약을 모집하는 행위

7. 보험 계약자 또는 피보험자의 자필 서명이 필요한 경우에 보험 계약자 또는 피보험자로부터 자필 서명을 받지 아니하고 서명을 대신하거나 다른 사람으로 하여금 서명하게 하는 행위

8. 다른 모집 종사자의 명의를 이용하여 보험 계약을 모집하는 행위

9. 보험 계약자 또는 피보험자와의 금전대차의 관계를 이용하여 보험 계약자 또는 피보험자로 하여금 보험 계약을 청약하게 하거나 이러한 것을 요구하는 행위

10. 정당한 이유 없이 《장애인 차별 금지 및 권리 구제 등에 관한 법률》 제2조에 따른 장애인의 보험 가입을 거부하는 행위

11. 보험 계약의 청약 철회 또는 계약 해지를 방해하는 행위

② 제1항 제2호에 따른 보험 상품의 내용의 일부에 대한 비교 금지 규정은 다음 각 호의 어느 하나에 해당하는 자가 보험 계약자의 합리적인 보험 상품 선택을 위하여 비교하는 경우에는 적용하지 아니한다.

1. 제85조 제3항에 따라 다른 보험 회사를 위하여 모집을 하는 보험설계사

2. 제87조에 따라 등록한 보험대리점 중 각각 2 이상의 생명보험업을 경영하는 보험 회사·손해보험업을 경영하는 보험 회사(보증보험업만을 경영하는 보험 회사는 제외한다) 또는 제3보험업을 경영하는 보험 회사와 모집에 관한 위탁 계약을 체결한 보험대리점

3. 제89조에 따라 등록한 보험중개사

③ 보험 계약의 체결 또는 모집에 종사하는 자가 다음 각 호의 어느 하나에 해당하는 행위를 한 경우에는 제1항 제5호를 위반하여 기존 보험 계약을 부당하게 소

멸시키거나 소멸하게 하는 행위를 한 것으로 본다.

1. 기존 보험 계약이 소멸된 날부터 1개월 이내에 새로운 보험 계약을 청약하게 하거나 새로운 보험 계약을 청약하게 한 날부터 1개월 이내에 기존 보험 계약을 소멸하게 하는 행위. 다만, 보험 계약자가 기존 보험 계약 소멸 후 새로운 보험 계약 체결 시 손해가 발생할 가능성이 있다는 사실을 알고 있음을 자필로 서명하는 등 대통령령으로 정하는 바에 따라 본인의 의사에 따른 행위임이 명백히 증명되는 경우에는 그러하지 아니하다.

2. 기존 보험 계약이 소멸된 날부터 6개월 이내에 새로운 보험 계약을 청약하게 하거나 새로운 보험 계약을 청약하게 한 날부터 6개월 이내에 기존 보험 계약을 소멸하게 하는 경우로서 해당 보험 계약자 또는 피보험자에게 기존 보험 계약과 새로운 보험 계약의 보험 기간 및 예정 이자율 등 대통령령으로 정하는 중요한 사항을 비교하여 알리지 아니하는 행위

④ 보험 계약자는 보험 계약의 체결 또는 모집에 종사하는 자(보험중개사는 제외한다. 이하 이 항에서 같다)가 제1항 제5호를 위반하여 기존 보험 계약을 소멸시키거나 소멸하게 하였을 때에는 그 보험 계약의 체결 또는 모집에 종사하는 자가 속하거나 모집을 위탁한 보험 회사에 대하여 그 보험 계약이 소멸한 날부터 6개월 이내에 소멸된 보험 계약의 부활을 청구하고 새로운 보험 계약은 취소할 수 있다.

⑤ 제4항에 따라 보험 계약의 부활의 청구를 받은 보험 회사는 특별한 사유가 없으면 소멸된 보험 계약의 부활을 승낙하여야 한다.

⑥ 제4항과 제5항에 따라 보험 계약의 부활을 청구하는 절차 및 방법과 그 밖에 보험 계약의 부활에 관하여 필요한 사항은 대통령령으로 정한다.

제98조(특별 이익의 제공 금지)

보험 계약의 체결 또는 모집에 종사하는 자는 그 체결 또는 모집과 관련하여 보험 계약자나 피보험자에게 다음 각 호의 어느 하나에 해당하는 특별 이익을 제공하거나 제공하기로 약속하여서는 아니 된다.

1. 금품(대통령령으로 정하는 금액을 초과하지 아니하는 금품은 제외한다)

2. 기초 서류에서 정한 사유에 근거하지 아니한 보험료의 할인 또는 수수료의 지급

3. 기초 서류에서 정한 보험금액보다 많은 보험금액의 지급 약속

4. 보험 계약자나 피보험자를 위한 보험료의 대납代納
5. 보험 계약자나 피보험자가 해당 보험 회사로부터 받은 대출금에 대한 이자의
   대납
6. 보험료로 받은 수표 또는 어음에 대한 이자 상당액의 대납
7. 《상법》 제682조에 따른 제3자에 대한 청구권 대위행사의 포기

3단계: 금융감독원의 징계 사항 등 파악

3단계는 민원에 '힘'을 더하는 방법입니다. 금융감독원은 간헐적인 모니터링을 통해서 문제가 되는 보험 영업의 과정 등을 적발해 제재 및 권고 조치를 내리고 있습니다. 만약 민원의 대상이 되는 상품이 언젠가 금융감독원의 제재 등을 받았던 상품이라면, 이를 인용해 주장을 펼치면 좋습니다.

실제 사례를 살펴보겠습니다. 보장성 보험(종신 보험)인 흥국생명의 '(무)프리미엄VIP평생보험'을 저축성 보험(연금 보험)으로 거짓 안내 받아 가입한 사건입니다. 금융감독원의 2014년 8월 6일 자 보도 자료에 따르면, 해당 상품의 자子상품에는 허위·과장 판매가 이루어질 세 가지 구조적인 문제가 있습니다. 다음은 해당 보도 자료를 인용하여 작성한 민원서의 일부입니다.

1. 귀사의 건승을 기원합니다.

(중략)

6. 2014년 8월 6일 자 금융감독원 보도 자료에 따르면 "중도급부금이 있으면서 연금 전환이 가능한 종신 보험은 허위·과장 판매될 세 가지의 구조적 위험 요인을 가지고 있습니다."

   1) 납입 보험료보다 적은 금액을 돌려받는 보장성 상품임에도 고금리만이 부각되어 저축성 상품으로 오인 위험
   2) 연금 전환 시 최저 보증 이율이 1퍼센트대로 하락하는 사실 미인지 위험
   3) 적립금을 중도 인출할 경우 가입 당시 중도급부금 예시 금액을 못 받을 위험

이에 귀사의 경영진이 "계약자 피해 위험이 높다는 데에 인식을 같이하여 자율적으로 판매 중단을 하고, 기판매된 상품에 대해서도 리콜 조치 등의 대책을 시행"하겠다고 한 것으로 알고 있습니다. 이번에 판매 중지된 귀사의 '평생보장보험U'는 본인이 과거에 기망된 안내에 의해 계약 체결한 '무배당프리미엄VIP평생보험'의 자구 상품으로 사료됩니다. 이에 의거하여 거듭 해제(리콜) 요청을 드리는 바입니다.

(중략)

10. 답변은 이메일로 받길 희망합니다.

금융감독원 보도 자료를 검색하는 방법은 다음과 같습니다.

금융감독원 홈페이지(http://www.fss.or.kr) → 보도홍보 → 보도 자료

만약 검색이 잘되지 않는다면 포털 사이트(구글을 추천합니다)에 민원의 대상이 되는 보험 상품의 이름을 검색해보세요. 그러면 금융감독원 보도 자료를 인용한 기사가 검색될 것입니다. 그 기사를 통해서 보도 자료 배포일자를 참고한 뒤 다시 금융감독원 홈페이지에 접속해 보도 자료 카테고리에서 해당 보도 자료를 찾으면 됩니다.

4단계: 보험사 민원

4단계는 보험사에 민원서를 접수하는 단계입니다. 각 보험사 홈페이지에 접속하면 민원 메뉴가 있습니다. 그곳에서 1~3단계까지의 프로세스를 통해 파악한 쟁점 사항(위법 사항)과 요구 조건을 일목요연하게 작성하여 접수하면 됩니다. 다음은 실제 민원서 예시입니다.

이름: 홍길동
주민등록번호: ******-*******
휴대폰: 010-****-****
이메일: *******@naver.com

■제목: [민원] 불완전 판매에 의한 보험 계약 해제解除 확인 및 처리 요청

1. 귀사의 건승을 기원합니다.

2. 상기 본 계약자는 2012년 9월 13일에 체결된 계약, 'NH해피콜연금보험(증권 번호: ****-**-******)'의 보장 내용이 가입 권유 당시에 안내된 내용과 다름을 확인하였습니다. 이에 '불완전 판매를 까닭으로 한 해제解除'를 요청드리는 바입니다.

3. 본인은 가입 권유 당시 보험설계사 ○○○으로부터 NH해피콜연금보험이 "매년 농협 운영 수익의 90퍼센트를 평생 배당해주는 상품"이라고 거짓 안내 받았습니다.

4. 《보험업법》 제97조(보험 계약의 체결 또는 모집에 관한 금지 행위) 제1항 제1호는 "보험 계약자나 피보험자에게 보험 상품의 내용을 사실과 다르게 알리거나 그 내용의 중요한 사항을 알리지 아니하는 행위"를 금지하고 있습니다.

5. 다음은 녹취를 통해서 확인할 수 있는 불법의 증거들입니다(두 가지만 추려 옮깁니다).

    1) 1분 17초 ～ 1분 27초: "여기에다가 추가적으로 해마다 농협 운영 수익의 90퍼센트를 보너스처럼 지급받으시는 내용이세요."
    2) 14분 9초 ～ 14분 15초: "배당금도 매년 복리로 지급해드리면서 굴려드리거든요."

6. 또한 보험설계사 ○○○은 계약 권유 당시 '납입 보험료에서 위험 보험료와 보험 설계시 수당 등(통칭 사업비)이 제외된 금액에 이자가 부리되는, 보험 상품의 전형적인 구조'를 설명치 않았습니다. 이는 "보험 회사 또는 보험의 모집에 종사하는 자는 일반 보험 계약자에게 보험 계약 체결을 권유하는 경우에는 보험료, 보장 범위, 보험금 지급 제한 사유 등 대통령령으로 정하는 보험 계약의 중요 사항을 일반 보험 계약자가 이해할 수 있도록 설명하여야 한다"는 《보험업법》 제95조의2(설명 의무 등) 제1항을 위반한 사항입니다.

7. 2014년 3월 19일 자 금융감독원 보도 자료에 따르면, 귀사는 2013년 4월 1일부터 동년 5월 2일까지 실시된 부분 검사 결과 통신 수단을 이용한 보험 계약의 모

집 업무 부당 등이 적발되어 기관주의 및 과징금 9억 6900만 원의 징계 조치가 내려졌습니다. 당시 문제가 된 상품은 현재 본인이 민원을 제기하는 'NH해피콜 연금보험'이며, 징계가 내려진 사유 역시 본인이 처한 상황과 같습니다. 다음은 금융감독원 보도 자료 3쪽의 일부 내용입니다.

(2) 통신 수단을 이용한 보험 계약 모집 업무 부당

▫ 보험 회사는 보험 계약자에게 보험 계약의 중요 사항을 이해할 수 있게 설명해야 하며, 보험설계사가 보험 상품의 내용을 사실과 다르게 알리도록 하여서는 아니 됨에도 농협생명보험㈜은 2012. 3. 2~2013. 3. 31 기간 중 'NH해피콜연금보험' 계약 171건을 통신 판매를 통하여 모집하면서 보험 계약의 중요 사항*에 대한 설명을 누락하고, 보험 상품의 내용을 사실과 다르게 설명**한 사실이 있음.

* 주계약 및 특약별로 보장하는 사망, 질병 등 주요 위험 및 보험금.
** 연간 순이익금의 90퍼센트를 계약 체결 즉시 매년 복리 이자로 부리하여 평생 지급 등.

금융감독원의 본 판단에 의거하여 거듭 해제 요청을 드리는 바입니다.

8. 《보험업 감독 업무 시행 세칙》 제34조(회사의 손해배상 책임)는 "보험금 지급 사유가 발생하지 않은 무효인 보험 계약에 대한 보험사의 손해배상 규칙"을 다음과 같이 명기하고 있습니다.

1) 이미 납입한 보험료와 보험료를 납입한 날의 다음 날부터 반환일까지의 기간에 대하여 회사의 보험 계약 대출 이율을 연 단위 복리로 계산한 금액.

이 역시 분명히 계산하여 주시길 바랍니다.

9. 본인의 정당한 요청이 거절될 시 즉각 금융감독원에 민원을 제기할 것임을 밝혀 둡니다.

10. 답변은 이메일로 받길 희망합니다.

5단계: 금융감독원 민원

5단계는 금융감독원에 민원을 접수하는 단계입니다. 본 단계는 4단계(보험사 민원)와 동시에 진행해도 무방합니다. 방법은 보험사에 민원을 접수하는 것과 동일합니다. 금융감독원 홈페이지(http://www.fss.or.kr)에 접속하여 '민원 신청' 메뉴를 클릭한 뒤 쟁점 사항(위법 사항)과 요구 조건을 일목요연하게 작성하여 접수하면 됩니다.[50]

6단계: 민사 조정 및 소송

마지막 6단계입니다. 보험사 민원이건 금융감독원 민원이건 간에 결국 보험사가 민원인의 주장을 수용하지 않으면 원금과 손해배상금의 반환은 이루어지지 않습니다. 그때에는 법원에서 해결을 보는 것(민사 조정 및 소송) 말고는 다른 방법이 없습니다.

 ## 사례로 배우는 보험금을 돌려받는 방법

아마도 국내 유일의 '민원 전문 컨설턴트'

눈 밝은 독자께서는 이미 눈치 채셨을지도 모르겠습니다. 앞서 소개된 두 개의 민원서는 제가 직접 작성하여 실제로 현장에서 사용했던 것들입니다(모두 원금과 이자를 반환받았습니다). 최근까지 저는 사람들이 보험설계사에게 속아 가입한 엉터리 보험의 납입 원금과 이자를 보험사와 금융감독원에 민원을 제기하여 돌려받는 일을 돕고 있었습니다(지금은 이 일을 하고 있지 않습니다). 보험사와 보험설계사 입장에서는 '쳐 죽여도 시원찮을 일'을 하고 있었던 셈이지요.

그러니까 저라는 사람, 즉 민원을 컨설팅해주는 '민원 전문 컨설턴트'가 존재한다는 사실이 보험사에 알려져서 제게 이로울 것은 하나도 없습니다. 그렇기 때문에 그간 민원의 과정에서 제가 다툼의 전면에 나서는 일은 결코 없었습니다. 그런데 보험사들이 수시로 고객들에게 묻더군요. 뒤에 누가 있느냐고요. 꼬리가 길면 밟힌다더니, 특정 문체와 형식의 민원이 지속적으로 제기되자 한 사람의 컨설팅에 의한 민원이었다는 걸 눈치 챈 것입니다.

어렴풋이나마 저의 존재가 노출된 것이 민원 컨설팅을 그만둔 이유는 아닙니다. 보험 민원은 변수가 너무 많아서 제가 고객 옆에서 일일이 조언을 해주지 않으면 원활히 진행되지 않더군요(보험사의 민원 담당자는 매일같이 민원인을 상대하는 반면, 소비자는 관련 민원이 처음이라 역량의 격차가 상당합니다). 결국 근래에 들어서야 일이 힘에 부친다는 느낌, 그리고 들인 품에 비해 보상이 너무 적다는 판단하에 관련 컨설팅 업무를 그만두게 되었습니다.

비록 일은 그만두었지만 과거의 제 경험이 민원을 계획 중이신 독자분들께는 중요한 정보가 될 수도 있겠다는 생각이 듭니다. 그래서 지금부터는 보험사 및 금융감독원 민원에 대한 감각을 간접적으로나마 익힐 수 있도록 과거 의뢰를 받아 진행했던 몇 가지 민원 제기 사례와 관련 팁을 소개해볼까 합니다.

보험사 및 금융감독원 민원에 관한 세 가지 팁

첫째, '보험설계사와의 협상'이 무엇보다 중요합니다. 민원이 보험설계사를 포함한 3자 또는 4자 구도의 형태를 띤다는 점에 주목하셔야 합니다. 앞서 '보험사에 민원이 접수되면 보험사가 보험설계사에게 사실 관계를 확인한다'고 설명해드렸지요? 이때 보험설계사가 작성하는 경위서의 내용이 계약자의 주상과 일치하면, 보험사는 바로 계약자의 민원을 수용합니다. 그리고 해당 보험 계약으로 인해 발생했던 보험설계사의 수당(＋계약자에게 지급된 손해배상금)을 환수합니다.

따라서 민원의 행방은 결국에 보험설계사의 진술에 달려 있다고 봐도 무방합니다. 다시 말해 보험설계사가 보험사에 어떤 진술을 하느냐에 따라서 민원이 증거전으로 장기화(2개월 이상)될 수도 있고, 바로 수용되어(1개월 미만) 종결될 수도 있습니다.

실제 현장에서는 보험설계사와 계약자 간에 친분이 있는 경우가 많아 여러 방면으로의 '창의적'인 협상이 간간이 이루어지고 있습니다. 가령 보험설계사의 수당 환수액이 납입 보험료 원금과 해약환급금의 차액보다 더 크지만, 계약자가 오랜 기간 동안 민원을 붙들고 있을 여력이 없을 수 있습니다. 이럴 때에는 계약자가 민원을 취소하고 보험 계약을 해약하여 해약환급금을 수령한 뒤 보험설계사가 납입 원금과 해약환급금의 차액을 보존해주는 쪽으로 협상을 체결하기도 합니다.

둘째, '보험사 민원 담당자가 전결권자'입니다. 민원이 제기되면 보험사 민원 담당자가 계약자에게 연락을 해옵니다. 보통 처음에는 "보험설계사에게 사건 경위를 묻고 있다" "이러저러한 절차가 진행될 것이다" 안내해주는데, 그 내용을 전해주는 민원 담당자가 바로 민원을 수용할 것이지 말 것인지를 (마음대로) 결정할 수 있는 '엿장수'입니다.

그러니까 보험설계사가 경위서를 허위로 작성한다 해도("나는 계약자에게 상품을 올바르게 설명했다!") 민원 담당자가 계약자의 주장("보험설계사로부터 상품 설명을 제대로 듣지 못했다!")에 손을 들어주면 민원은 즉각 수용됩니다(역시 엿장수 마음대로인 것이죠). 그러니 부디 이 점을 염두에 두어 보험사 민원 담당자와의 통화에 신경 쓰시길 바랍니다.

셋째, '민원은 시장에서 물건 값을 흥정하는 것'과 같습니다. 보험사가 마땅히 지급해주어야 할 보험금을 감액 또는 부不지급 처리할 때 어떤 논리적 기준을 따르지 않는 것처럼 보험료를 반환해줄 때에도 정형화된 절차나 원칙을 고수하지 않습니다. 예컨대 민원 담당자가 "보험설계사의 말을 그대로 믿은 고객님께도 과실이 있으니 서로의 과실을 2대 8로 합시다"라고 했는데 계약자가 이를 수용하여 총 납입 보험료의 80퍼센트만 돌려받은 황당한 일이 벌어진 적도 있습니다.

이상 제가 전해드린 세 가지 팁은 결국 다음의 사실로 수렴됩니다. 바로 '민원은 협상으로 시작해서 협상으로 끝난다'는 사실입니다. 혹여 보험사나 금융감독원에 민원을 제기할 작정이시라면 절대로 이 점을 잊지 마시길 바랍니다.

피보험자의 자필 서명이 미필된 보험을 보유하고 있어
민원을 제기한 사례

지금부터는 민원 제기 사례들을 살펴보도록 하겠습니다. 우선 '피보험자의 자필 서명이 미필된 종신 보험'을 보유하고 있던 A씨의 이야기입니다. A씨의 어머니가 A씨를 피보험자로 하는 종신 보험에 가입하며 서명란에 서명을 대신 한 아주 흔하디흔한 사례입니다

제게 찾아왔을 당시 A씨는 청약서를 분실한 상태였습니다. 또한 과거 해당 보험의 특약을 통해 수술 보험금을 두 차례 수령한 적이 있었습니다. 무엇보다 "시간이 오래 흘러 이제는 자신이 정말로 서명을 하지 않았는지 가물가물하다"고 했습니다.

자초지종을 전해들은 후에 먼저 보험사가 보관하고 있는 청약서의 '원본대조필한 사본'을 요청하는 민원을 진행했습니다. 일주일 정도 지나 사본이 도착했고, 확인 결과 어떻게 봐도 A씨의 필체가 아니라는 결론에 이르렀습니다. 그래서 곧바로 "타인의 사망을 보험 사고로 하는 보험 계약에는 보험 계약 체결 시에 그 타인의 서면에 의한 동의를 얻어야 한다"는 《상법》 제731조를 까닭으로 들어 보험 계약이 무효임을 주장하는 민원을 제기했습니다.

얼마 지나지 않아 보험사 민원 담당자로부터 연락을 받았습니다. "과거에 A씨가 보험금을 두 차례 수령했기 때문에 법정추인(가입 사실을 추후에 인정함)에 해당하여 민원을 수용할 수 없다"는 내용이었습니다. 아래는 보험사가 A씨에게 보내온 회신문의 일부입니다.

제목: 요청 사항에 대한 회신

항상 저희 ○○○○을 아끼고 사랑해주신 고객님께 감사드리며, 본 회신문은 귀하께서 당사에 제출하신 민원과 관련된 것으로 당사에서 확인하고 그 처리 결과를 회신 드리오니 깊은 이해 바랍니다.

먼저 고객님의 요청 사항을 충족하지 못한 점에 대하여 깊은 사과를 드리며 고객님의 민원 사항에 대하여 다음과 같이 안내 드립니다.

(중략)

《민법》 제145조(법정추인)에 의하면, "취소할 수 있는 법률 행위에 관하여 전조의 규정에 의하여 추인할 수 있는 후에 다음 각 호의 사유가 있으면 추인한 것으로 본다"고 규정하고 있는 바, 제2호의 이행의 청구(보험금 지급 청구: ××××년 ××월 및 ××월 보험금의 수령)가 있었다고 판단되며 해당 피보험자인 ○○○님의 추인(유효한 계약으로 인정하는 행위)이 있었다고 사료됩니다.

(중략)

저희 ○○○○에 가입하여 주신 ○○○님의 보험 계약에 대해 고객님께서 요구하시는 바처럼 취소하여 드리지 못함에 대해 매우 안타깝게 생각하며, 향후 고객님의 의견을 반영해 보다 나은 서비스가 이루어질 수 있도록 지속적인 노력을 기울이도 앞서 《상법》 제731조가 강행규정(당사자의 의사에 관계없이 강제적으로 적용되는 규정)이기 때문에 추인을 해봐야 아무 소용이 없다고 설명 드렸던 것을 기억하시지요?(109쪽 참조) 그래서 이 부분에 집중하여 다시금 주장을 펼쳤습니다. 타인의 생명 보험에서 피보험자가 서면으로 동의의 의사 표시를 해야 하는 시점은 '보험 계약 체결 시까지'이고, 이는 강행규정으로서 이를 위반한 보험 계약은 무효이므로 타인의 생명 보험 계약 성립 당시 피보험자의 서면 동의가 없다면 그 보험 계약은 확정적으로 무효가 되고, 보험 계약의 당사자도 아닌 피보험자가 이미 무효가 된 보험 계약을 추인하였다고 하더라도 그 보험 계약이 유효로 될 수는 없다는 대법원의 판례도 인용했습니다.[51]

그리고 그 뒤 수차례의 추가 공방이 오갔습니다. 보험사는 "이미 받은 보험금을 상계하여 보험료를 반환해주겠다"고 했고, 우리는 "《보험업 감독 업무 시행 세칙》에 의거하여 이미 받은 보험금을 손해배상금으로 처리한 후 기납입 보험료 전액을 돌려 달라"(111쪽 참조)고 했습니다. 그리고 결국 두 달여 만에 우리의 요구가 관철되었습니다.

이상 '해피엔딩 보험 민원' 스토리였습니다. 피보험자 자필 서명 미필 건의 민원이 꼭 이렇게만 흘러가는 것은 아닙니다. 민원 담당자가 "기납입 보험료는 돌려줄 수 있지만 이자는 줄 수 없다"고 하길래 이자를 받아내기 위한 추가 협상을 벌였다가 납입 보험료마저도 돌려받지 못한 사례가 부지기수입니다. '결국은 엿장수 마음대로'라는 팁 기억하시죠?

한편 보험설계사가 "본인은 분명 피보험자의 자필 서명을 받았다"고 보험사에 증언할 경우 민원 진행의 방향이 '필적 감정'으로 흐르기도 합니다. 필적 감정에는 보통 50만 원 정도의 비용이 소요되는데, 민원인의 주장이 옳으면 보험사가 비용을 부담하고(물론 보험사는 보험설계사에게 구상권을 청구합니다), 보험설계사의 주장이 옳으면 민원인이 비용을 부담하게 됩니다. 그런데 이 또한 협상의 여지가 다분한 부분이라서 간혹 결과에 상관없이 민원인이 비용 일체를 부담해야 한다는 민원 담당자를 만날 때도 있으므로 주의가 요구됩니다.

보장성 보험을 보장도 되는 저축성 보험이라고
거짓 안내 받아 가입해 민원을 제기한 사례

다음은 보장성 보험(종신 보험)을 '보장도 되는 저축성 보험'이라고 거짓 안내 받아 가입했던 B씨의 사례입니다. B씨와 재무 컨설팅을 진행하던 중에 우연히 그가 종신 보험을 저축성 보험으로 잘못 알고 있다는 사실을 인지하게 되었습니다. 왜 그렇게 알고 있냐고 물어보니 "보험설계사가 그렇게 설명해주었다"는 답이 돌아왔고, 그래서 곧장 관련된 모든 자료를 가져다 달라고 요청했습니다.

아니나 다를까 자료에는 "비과세 복리 저축" "복리의 마법!" "은행 저축의 안전성과 펀드(주식)의 수익성을 한 번에!" "나에게 꼭 맞는 맞춤 저축" 등의 문구가 잔뜩 적혀 있었습니다. B씨와 저는 이 자료를 근거로 해당 보험사에 정식으로 민원을 제기했습니다.

며칠 뒤 해당 보험설계사가 B씨에게 전화를 걸어왔습니다. 본인은 보험의 내용을 제대로 안내해주었으며, 지금 매우 억울하니 민원을 철회해달라는 내용이었습니다. 이에 화가 난 B씨는 "난 할 말 없으니 하고 싶은 이야기는 서류(경위서)로 하시라!"고 소리치며 전화를 끊었습니다. 보험설계사와의 협상을 완전히 배제한 것이지요.

그 뒤 B씨가 제게 자신의 우발적인 행동(보험설계사와 협상의 여지를 두지 않은 것)을 후회한다는 내용의 메시지를 보내왔습니다. 저는 "불완전 판매를 입증할 증거가 충분하니 크게 걱정하지 않으셔도 된다"고 답장을 보냈습니다. 그리고 일주일 뒤 보험사가 민원을 온전히 수용하여 그간 납입한 보험료와 이자를 돌려받게 되었습니다. 지금 이 사례처럼 '불완전 판매의 증거'만 확실하다면 보험설계사와의 협상 없이도 원하는 바를 이룰 수 있습니다.

한편 전화 영업 채널을 통해 보험 계약을 체결한 경우에는 보험사가 보관하고 있는 (가입 당시의) 녹취가 증거의 거의 전부입니다. 그럴 때에는 보험사로부터 녹취를 취득해 분석해보기 전까지는 보험설계사와 각을 세우는 일을 되도록 자제해야 합니다. 증거가 형편없으면 보험설계사와 협상이라도 벌여야 하니까요. 그런데 가끔 보험사가 계약자에게 녹취를 전해주지 않으려 "규정상 녹취의 반출은 불가하다"거나 "들려줄 수는 있어도 파일을 전송해줄 수는 없다"고 거짓말하기도 합니다. 고객의 정보인데도 고객에게 줄 수 없다는 이상한 논리를 펼치는 것이지요. 그럴 때는 괜히 말다툼으로 힘 빼지 마시고, 다음의 《보험업법》 규정을 읊어주시면 됩니다.

《보험업법》제96조(통신수단을 이용한 모집·철회 및 해지 등 관련 준수 사항)

(중략)

② 보험 회사는 다음 각 호의 어느 하나에 해당하는 경우 통신 수단을 이용할 수 있도록 하여야 한다.

1. 보험 계약을 청약한 자가 청약의 내용을 확인·정정 요청하거나 청약을 철회하고자 하는 경우
2. 보험 계약자가 체결한 계약의 내용을 확인하고자 하는 경우
3. 보험 계약자가 체결한 계약을 해지하고자 하는 경우

또한 대면 영업에 의한 보험 계약의 경우 보험설계사가 노회하여 불완전 판매의 증거를 전혀 남기지 않을 수도 있습니다. 하지만 증거 없이 주장만으로도 민원이 수용된 사례는 많습니다. 보통 저축성 보험 민원 중에서 "사업비에 대한 이야기를 듣지 못했다"는 주장을 뒷받침해줄 증거가 없는 경우가 많습니다. 그도 그럴 것이, 듣지 않았다는 것을 증명해야 하니 증거가 없을 수밖에요(어째 말장난 같네요). 그러니 증거가 없다는 또는 빈약하다는 이유만으로 민원 제기를 포기하지는 않으셨으면 합니다.

'시간은 돈이다'

재테크의 출발점은 이 진리를 깨닫는 것이다.

부는 시간의 함수다

극단적으로 말해 부자가 되려면 시간만 있으면 된다.

시간의 마술 때문이다

시간이 마술을 부리는 것은 복리(複利) 때문이다.
천재 물리학자인 아인슈타인이 "인류의 가장 위대한 발명품은 복리"하고 했을 정도로
복리의 위력은 강력하다.

예금금리 3~4%의 저금리 시대에도 복리효과는 여전히 유효하다

복리는 8대 불가사의다.

마술 같은

적금

복리이자

장기투자를 하기 위해서는 이자율과 복리의 마술에 대해서 진지하게 고민할 필요가 있다. '마시멜로 이야기'에서 맛있는 마시멜로를 아껴두었다가 나중에 먹는 아이들이 평균적으로 성공한다는 보편적인 진리는 금융시장에서도 통한다.

수익률 연 5.2%일 경우

단리와 복리의 차이

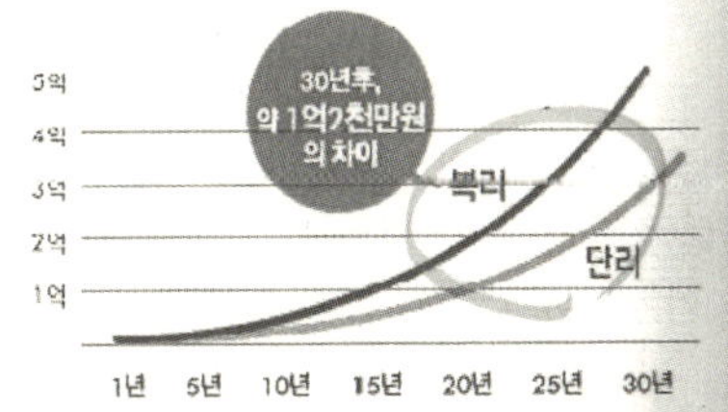

B씨가 보험설계사로부터 건네받은 자료의 일부

마지막으로 한 보험사에 세 건의 민원을 동시에 제기했던 복합적인 사례를 살펴보도록 하겠습니다. 가끔씩 보험설계사가 "더 좋은 상품이 출시됐다"거나 "보장을 업그레이드해야 한다"며 '보험 리모델링'이라는 명목하에 기존의 보험 계약을 해지하고 새로운 보험으로 갈아탈 것을 권유할 때가 있습니다. 다음은 보험 리모델링에 관련된 C씨의 사례입니다.

C씨는 2010년에 보험설계사를 통해 저축성 보험에 가입했습니다. 그리고 2012년에 "더 좋은 상품이 출시되었으니 보험을 리모델링하자"는 보험설계사의 말에 따라 기존 저축성 보험을 해지하고 새로운 저축성 보험에 가입했습니다. 이후 2014년에도 마찬가지 방식으로 보험 리모델링을 한 번 더 했고, 2015년 문득 무언가 이상하다 싶은 생각에 저를 찾아오게 되었습니다.

당시 C씨는 보장성 보험(종신 보험)에 가입된 상태였습니다. 두 번째 보험 리모델링을 할 때에 저축성 보험이 보장성 보험으로 바뀐 것이지요. 당시 C씨는 이런 사정을 전혀 모르고 있었습니다. 자신이 보유하고 있는 보험이 처음에 가입했던 것과 같은 성격의 저축성 보험인 줄로만 알고 있었던 것입니다. 또한 기존 보험 계약 해지와 새로운 보험 계약 청약 사이의 모든 기간이 1개월을 넘지 않았습니다. 기존 보험에서 새로운 보험으로 바로 갈아탄 것이니 당연한 결과입니다. 이상의 내용을 그림으로 정리하면 다음과 같습니다.

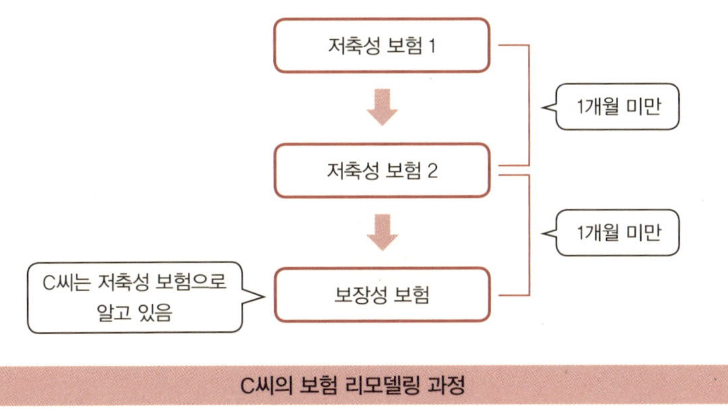

C씨의 보험 리모델링 과정

이 그림만 봐도 보험설계사의 위법 사항이 몇 가지 보입니다. 앞서 소개한 '보험설계사들이 주로 위법하는 사항'(138~144쪽 참조)을 꼼꼼히 읽으신 독자라면 벌써 찾아내셨을지도 모르겠습니다. 마지막 사례이니만큼 제가 어떻게 위법 사항을 찾아냈는지 관련 법령을 살펴가면서 흐름에 따라 설명해보도록 하겠습니다.

《보험업법》 제97조 제1항 제5호 및 제3항 제1호는 다음과 같은 보험설계사의 행위를 금지하고 있습니다.

① 보험 계약의 체결 또는 모집에 종사하는 자는 그 체결 또는 모집에 관하여 다음 각 호의 어느 하나에 해당하는 행위를 하여서는 아니 된다.

5. 보험 계약자 또는 피보험자로 하여금 이미 성립된 보험 계약(이하 이 조에서 "기존 보험 계약"이라 한다)을 부당하게 소멸시킴으로써 새로운 보험 계약(대통령령으로 정하는 바에 따라 기존 보험 계약과 보장 내용 등이 비슷한 경우만 해당한다. 이하 이 조에서 같다)을 청약하게 하거나 새로운 보험 계약을 청약하게 함으로써 기존 보험 계약을 부당하게 소멸시키거나 그 밖에 부당하게 보험 계약을 청약하게 하거나 이러한 것을 권유하는 행위.[52] 다만, 보험 계약자가 기존 보험 계약 소멸 후 새로운 보험 계약 체결 시 손해가 발생할 가능성이 있다는 사실을 알고 있음을 자필로 서명하는 등 대통령령으로 정하는 바에 따라 본인의 의사에 따른 행위임이 명백히 증명되는 경우에는 그러지 아니한다.

③ 보험 계약의 체결 또는 모집에 종사하는 자가 다음 각 호의 어느 하나에 해당하는 행위를 한 경우에는 제1항 제5호를 위반하여 기존 보험 계약을 부당하게 소멸시키거나 소멸하게 하는 행위를 한 것으로 본다.

1. 기존 보험 계약이 소멸된 날부터 1개월 이내에 새로운 보험 계약을 청약하게 하거나 새로운 보험 계약을 청약하게 한 날부터 1개월 이내에 기존 보험 계약을 소멸하게 하는 행위[53]

여기서 첫 번째 밑줄의 '대통령령으로 정하는 바'는 다음과 같습니다.[54]

① 법 제87조 제1항 제5호에 따라 이미 성립된 보험 계약(이하 "기존 보험 계약"이라 한다)과 보장 내용 등이 비슷한 새로운 보험 계약은 다음 각 호의 사항에 모두 해당하여야 한다. 다만, 기존 보험 계약 또는 새로운 보험 계약의 보험 기간이 1년 이하인 경우에는 그러하지 아니하다.
1. 기존 보험 계약과 새로운 보험 계약의 피보험자가 같을 것
2. 기존 보험 계약과 새로운 보험 계약의 위험 보장의 범위가 법 제2조 제1호 각 목의 생명 보험 상품, 손해 보험 상품, 제3보험 상품의 구분에 따라 비슷할 것

C씨가 가입했던 저축성 보험과 보장성 보험(종신 보험)은 모두 생명 보험 상품('생명 보험 계약'과 '연금 보험 계약'을 말합니다[55])에 해

당합니다(제2호 충족). 또한 세 번의 계약 모두 C씨 본인이 피보험자였습니다(제1호 충족). 그래서 저는 우선 해당 보험설계사가 《보험업법》 제97조 제1항 제5호를 위반했다는 '가설'을 세웠습니다. 제가 지금 가설이라고 표현한 이유는 두 번째 밑줄의 단서 조항 때문입니다. 두 번째 밑줄의 '대통령령으로 정하는 바'는 다음과 같습니다.[56]

② 법 제97조 제3항 제1호 단서에 따른 본인 의사의 증명은 다음 각 호의 어느 하나에 해당하는 방법으로 한다.

1. 서명(《전자서명법》 제2조 제2호에 따른 전자서명을 포함한다)

2. 기명날인

3. 녹취

보험설계사는 보통 "기존 보험 계약을 해지하고 새로운 보험 계약을 체결할 경우에 손해가 발생할 가능성이 있다는 사실을 인지하고 있다"는 등의 내용이 적힌 확인서에 계약자의 서명을 받는 것으로 위 규정 제1호를 갈음합니다. '보험 계약 이동에 따른 비교 안내 확인서'라고 불리는 이 확인서에 계약자가 서명을 하게 되면 《보험업법》 제97조 제1항 제5호 위반을 이유로 민원을 제기하기 어렵습니다.

다행히 C씨는 해당 서류에 서명한 기억이 없었습니다. 확인서 자체를 아예 보관하고 있지도 않았습니다. 아무래도 보험설계사가 C씨의 서명을 대신 한 뒤 계약자 보관용을 파기한 듯싶었습니다. 이를 확인해보고자 보험사 보관용의 원본대조필한 사본을 요청하는 민원을 먼저 제기했습니다. 그리고 도착한 사본을 확인해본 결과, 역시나 해당 서류의 서명은 C씨 본인의 것이 아니었습니다. 비로소 《보험업법》 제97조 제1항 제5호 위반을 이유로 민원을 제기할 수 있게 된 것입니다.

해당 규정을 위반한 보험 계약을 '승환계약'이라고 합니다. 보험설계사가 동일하다면 판매 상품의 보험 회사가 다른 경우에도 승환계약에 해당합니다. 승환계약을 원인으로 하는 민원은 기존 보험과 새 보험 사이의 연결고리를 무효화하는 것이 목적입니다. 그러니까 만약 C씨의 민원이 온전히 수용되면, 과거에 해지한 저축성 보험 두 개와 가입 중이던 보장성 보험 하나, 이렇게 총 세 개의 보험 모두가 무효가 되는 것입니다.

저와 C씨는 승환계약과 함께 아래의 위법 사항(《보험업법》 제97조 제1항 제1호, 제2호, 제7호)을 한 데 묶어 정식으로 민원을 제기했습니다.

① 보험 계약의 체결 또는 모집에 종사하는 자는 그 체결 또는 모집에 관하여 다음 각 호의 어느 하나에 해당하는 행위를 하여서는 아니 된다.

1. 보험 계약자나 피보험자에게 보험 상품의 내용을 사실과 다르게 알리거나 그 내용의 중요한 사항을 알리지 아니하는 행위

2. 보험 계약자나 피보험자에게 보험 상품의 내용의 일부에 대하여 비교의 대상 및 기준을 분명하게 밝히지 아니하거나 객관적인 근거 없이 다른 보험 상품과 비교하여 그 보험 상품이 우수하거나 유리하다고 알리는 행위

7. 보험 계약자 또는 피보험자의 자필 서명이 필요한 경우에 보험 계약자 또는 피보험자로부터 자필 서명을 받지 아니하고 서명을 대신하거나 다른 사람으로 하여금 서명하게 하는 행위

민원은 보험설계사와의 협상 시도를 포함해 두 달 가까이 진행되었습니다. 지루한 공방 끝에 보험사는 승환계약을 인정할 수 없다고 했습니다. 하지만 두 번째 보험과 세 번째 보험의 불완전 판매는 인정할 수 있다고 했습니다('인정한다'는 것이 아니라 '인정할 수 있다'고 한 것에 주목해야 합니다. 두 개를 내어줄 테니 하나는 포기하라는

뜻인 것이지요). 또한 이자는 절대로 줄 수 없다고도 했습니다.

　C씨와 논의한 끝에 우선 보험사의 제안을 받아들이고, 이후 금융감독원에 나머지 부분에 대하여 다시 민원을 제기하기로 했습니다(간혹 이를 막기 위해 보험사 담당자가 민원을 종료하며 '이후 다른 민원을 제기하지 않겠다'는 각서를 요구하기도 합니다). 하지만 C씨는 보험사로부터 두 건의 보험에 해당하는 보험료를 돌려받은 뒤 저를 다시 찾아오지 않았습니다. 긴 다툼에 지치고 만 것이지요.

부록

《실손의료보험 표준약관》 중
보험사가 보상하지 않는 사항

상해 입원 시 보상하지 않는 사항

1. 보험사는 아래의 사유를 원인으로 하여 생긴 입원의료비는 보상하지 않습니다.

   1) 피보험자가 고의로 자신을 해친 경우. 다만, 피보험자가 심신상실 등으로 자유로운 의사 결정을 할 수 없는 상태에서 자신을 해친 사실이 증명된 경우에는 보상합니다.

   2) 보험 수익자가 고의로 피보험자를 해친 경우. 다만, 그 보험 수익자가 보험금의 일부 보험 수익자인 경우에는 그 보험 수익자에 해당하는 보험금을 제외한 나머지 보험금을 다른 보

험 수익자에게 지급합니다.

3) 계약자가 고의로 피보험자를 해친 경우

4) 피보험자의 임신, 출산(제왕절개를 포함합니다), 산후기로 입원
한 경우. 그러나 회사가 보상하는 상해로 인한 경우에는 보
상합니다.

5) 전쟁, 외국의 무력행사, 혁명, 내란, 사변, 폭동

6) 피보험자가 정당한 이유 없이 입원 기간 중 의사의 지시를 따
르지 않은 때에 보험사는 그로 인하여 악화된 부분에 대해서
는 보상하지 않습니다.

2. 보험사는 다른 약정이 없으면 피보험자가 직업, 직무 또는 동호
회 활동 목적으로 아래에 열거된 행위로 인하여 생긴 상해에 대
해서는 보상하지 않습니다.

1) 전문 등반(전문적인 등산 용구를 사용하여 암벽 또는 빙벽을 오르
내리거나 특수한 기술, 경험, 사전 훈련을 필요로 하는 등반을 말합니
다), 글라이더 조종, 스카이다이빙, 스쿠버다이빙, 행글라이
딩, 수상보트, 패러글라이딩

2) 모터보트, 자동차 또는 오토바이에 의한 경기, 시범, 흥행(이
를 위한 연습을 포함합니다) 또는 시운전(다만, 공용도로상에서 시
운전을 하는 동안 발생한 상해는 보상합니다)

3) 선박승무원, 어부, 사공, 그밖에 선박에 탑승하는 것을 직무
   로 하는 사람이 직무상 선박에 탑승

3. 보험사는 아래의 입원의료비에 대해서는 보상하지 않습니다.

   1) 치과 치료, 한방 치료에서 발생한 《국민건강보험법》상 요양
      급여에 해당하지 않는 비급여 의료비

   2) 《국민건강보험법》상 요양 급여 중 본인 부담금의 경우 국민
      건강보험 관련 법령에 의해 국민건강보험공단으로부터 사전
      또는 사후 환급이 가능한 금액(본인 부담금 상한제)

   3) 《의료급여법》상 의료 급여 중 본인 부담금의 경우 의료 급여
      관련 법령에 의해 의료 급여 기금 등으로부터 사전 또는 사
      후 환급이 가능한 금액(《의료급여법》상 본인 부담금 보상제 및 본
      인 부담금 상한제)

   4) 건강 검진, 예방 접종, 인공 유산. 다만, 회사가 보상하는 상
      해 치료를 목적으로 하는 경우에는 보상합니다.

   5) 영양제, 종합비타민제, 호르몬 투여, 보신용 투약, 친자 확인
      을 위한 진단, 불임 검사, 불임 수술, 불임 복원술, 보조생식
      술(체내, 체외 인공 수정을 포함합니다), 성장 촉진과 관련된 비용
      등에 소요된 비용. 다만, 회사가 보상하는 상해 치료를 목적
      으로 하는 경우에는 보상합니다.

6) 의치, 의수족, 의안, 안경, 콘택트렌즈, 보청기, 목발, 팔걸이 Arm Sling, 보조기 등 진료 재료의 구입 및 대체 비용(다만, 인공 장기 등 신체에 이식되어 그 기능을 대신할 경우는 제외합니다)

7) 외모 개선 목적의 치료로 인하여 발생한 의료비

- 쌍꺼풀 수술(이중검수술), 코 성형 수술(융비술), 유방 확대·축소술, 지방 흡입술, 주름살 제거술 등

- 사시 교정, 안와격리증의 교정 등 시각계 수술로서 시력 개선 목적이 아닌 외모 개선 목적의 수술

- 안경, 콘택트렌즈 등을 대체하기 위한 시력교정술

- 외모 개선 목적의 다리정맥류 수술

- 그 외 외모 개선 목적의 치료로 건강보험 비급여 대상에 해당하는 치료

8) 진료와 무관한 제비용(TV 시청료, 전화료, 제증명료 등), 의사의 임상적 소견과 관련이 없는 검사 비용, 간병비

9) 자동차 보험(공제를 포함합니다) 또는 산재보험에서 보상받는 의료비. 다만, 본인 부담 의료비는 제3조(담보 종목별 보장 내용)에 따라 보상합니다.

10) 《국민건강보험법》 제42조의 요양 기관이 아닌 해외 소재 의료 기관에서 발생한 의료비

상해 통원 시 보상하지 않는 사항

1. 보험사는 아래의 사유를 원인으로 하여 생긴 통원의료비는 보상하지 않습니다.

    1) 피보험자가 고의로 자신을 해친 경우. 다만, 피보험자가 심신상실 등으로 자유로운 의사 결정을 할 수 없는 상태에서 자신을 해친 사실이 증명된 경우에는 보상합니다.

    2) 보험 수익자가 고의로 피보험자를 해친 경우. 다만, 그 보험 수익자가 보험금의 일부 보험 수익자인 경우에는 그 보험 수익자에 해당하는 보험금을 제외한 나머지 보험금을 다른 보험 수익자에게 지급합니다.

    3) 계약자가 고의로 피보험자를 해친 경우

    4) 피보험자의 임신, 출산(제왕절개를 포함합니다), 산후기로 통원한 경우. 그러나 회사가 보상하는 상해로 인한 경우에는 보상합니다.

    5) 전쟁, 외국의 무력행사, 혁명, 내란, 사변, 폭동

    6) 피보험자가 정당한 이유 없이 통원 기간 중 의사의 지시를 따르지 않은 때에 보험사는 그로 인하여 악화된 부분에 대해서는 보상하지 않습니다.

2. 보험사는 다른 약정이 없으면 피보험자가 직업, 직무 또는 동호

회 활동 목적으로 아래에 열거된 행위로 인하여 생긴 상해에 대해서는 보상하지 않습니다.

1) 전문 등반(전문적인 등산 용구를 사용하여 암벽 또는 빙벽을 오르내리거나 특수한 기술, 경험, 사전 훈련을 필요로 하는 등반을 말합니다), 글라이더 조종, 스카이다이빙, 스쿠버다이빙, 행글라이딩, 수상보트, 패러글라이딩

2) 모터보트, 자동차 또는 오토바이에 의한 경기, 시범, 흥행(이를 위한 연습을 포함합니다) 또는 시운전(다만, 공용도로상에서 시운전을 하는 동안 발생한 상해는 보상합니다)

3) 선박승무원, 어부, 사공, 그 밖에 선박에 탑승하는 것을 직무로 하는 사람이 직무상 선박에 탑승

3. 보험사는 아래의 통원의료비에 대해서는 보상하지 않습니다.

1) 치과 치료, 한방 치료에서 발생한 《국민건강보험법》상 요양 급여에 해당하지 않는 비급여 의료비

2) 《국민건강보험법》상 요양 급여 중 본인 부담금의 경우 국민건강보험 관련 법령에 의해 국민건강보험공단으로부터 사전 또는 사후 환급이 가능한 금액(본인 부담금 상한제)

3) 《의료급여법》상 의료 급여 중 본인 부담금의 경우 의료 급여 관련 법령에 의해 의료 급여 기금 등으로부터 사전 또는 사

후 환급이 가능한 금액(《의료급여법》상 본인 부담금 보상제 및 본

인 부담금 상한제)

4) 건강 검진, 예방 접종, 인공 유산. 다만, 회사가 보상하는 상

해 치료를 목적으로 하는 경우에는 보상합니다.

5) 영양제, 종합비타민제, 호르몬 투여, 보신용 투약, 친자 확인

을 위한 진단, 불임 검사, 불임 수술, 불임 복원술, 보조생식

술(체내, 체외 인공 수정을 포함합니다), 성장 촉진과 관련된 비용

등에 소요된 비용. 다만, 회사가 보상하는 상해 치료를 목적

으로 하는 경우에는 보상합니다.

6) 의치, 의수족, 의안, 안경, 콘택트렌즈, 보청기, 목발, 팔걸이

Arm Sling, 보조기 등 진료 재료의 구입 및 대체 비용(다만, 인공

장기 등 신체에 이식되어 그 기능을 대신할 경우는 제외합니다)

7) 외모 개선 목적의 치료로 인하여 발생한 의료비

- 쌍꺼풀 수술(이중검수술), 코 성형 수술(융비술), 유방 확대·

축소술, 지방 흡입술, 주름살 제거술 등

- 사시 교정, 안와격리증의 교정 등 시각계 수술로서 시력 개

선 목적이 아닌 외모 개선 목적의 수술

- 안경, 콘택트렌즈 등을 대체하기 위한 시력교정술

- 외모 개선 목적의 다리정맥류 수술

- 그 외 외모 개선 목적의 치료로 건강보험 비급여 대상에 해

당하는 치료

8) 진료와 무관한 제비용(TV 시청료, 전화료, 제증명료 등), 의사의
임상적 소견과 관련이 없는 검사 비용, 간병비

9) 자동차 보험(공제를 포함합니다) 또는 산재보험에서 보상받는
의료비. 다만, 본인 부담 의료비는 제3조(담보 종목별 보장 내
용)에 따라 보상합니다.

10) 《국민건강보험법》 제42조의 요양 기관이 아닌 해외 소재
의료 기관에서 발생한 의료비

질병 입원 시 보상하지 않는 사항

1. 보험사는 아래의 사유를 원인으로 하여 생긴 입원의료비는 보
상하지 않습니다.

1) 피보험자가 고의로 자신을 해친 경우. 다만, 피보험자가 심
신상실 등으로 자유로운 의사 결정을 할 수 없는 상태에서
자신을 해친 사실이 증명된 경우에는 보상합니다.

2) 보험 수익자가 고의로 피보험자를 해친 경우. 다만, 그 보험
수익자가 보험금의 일부 보험 수익자인 경우에는 그 보험 수
익자에 해당하는 보험금을 제외한 나머지 보험금을 다른 보
험 수익자에게 지급합니다.

3) 계약자가 고의로 피보험자를 해친 경우

4) 피보험자가 정당한 이유 없이 입원 기간 중 의사의 지시를 따
   르지 않은 때에 보험사는 그로 인하여 악화된 부분에 대해서
   는 보상하지 않습니다.

2. 보험사는 한국표준질병·사인분류에 있어서 아래의 입원의료
   비에 대해서는 보상하지 않습니다.
   1) 정신과 질환 및 행동 장애(F04~F99)
   2) 여성 생식기의 비염증성 장애로 인한 습관성 유산, 불임 및
      인공 수정 관련 합병증(N96~N98)
   3) 피보험자의 임신, 출산(제왕절개를 포함합니다), 산후기로 입원
      한 경우(O00~O99)
   4) 선천성 뇌질환(Q00~Q04)
   5) 비만(E66)
   6) 비뇨기계 장애(N39, R32)
   7) 직장 또는 항문 질환 중 《국민건강보험법》상 요양 급여에 해
      당하지 않는 부분(I84, K60~K62)

3. 보험사는 아래의 입원의료비에 대해서는 보상하지 않습니다.
   1) 치과 치료 및 한방 치료에서 발생한 《국민건강보험법》상 요
      양 급여에 해당하지 않는 비급여 의료비

2) 《국민건강보험법》상 요양 급여 중 본인 부담금의 경우 국민
건강보험 관련 법령에 의해 국민건강보험공단으로부터 사전
또는 사후 환급이 가능한 금액(본인 부담금 상한제)

3) 《의료급여법》상 의료 급여 중 본인 부담금의 경우 의료 급여
관련 법령에 의해 의료 급여 기금 등으로부터 사전 또는 사
후 환급이 가능한 금액(《의료급여법》상 본인 부담금 보상제 및 본
인 부담금 상한제)

4) 건강 검진, 예방 접종, 인공 유산. 다만, 회사가 보상하는 질
병 치료를 목적으로 하는 경우에는 보상합니다.

5) 영양제, 종합비타민제, 호르몬 투여, 보신용 투약, 친자 확인
을 위한 진단, 불임 검사, 불임 수술, 불임 복원술, 보조생식
술(체내, 체외 인공 수정을 포함합니다), 성장 촉진과 관련된 비용
등에 소요된 비용. 다만, 회사가 보상하는 질병 치료를 목적
으로 하는 경우에는 보상합니다.

6) 아래에 열거된 치료로 인하여 발생한 의료비
   - 단순한 피로 또는 권태
   - 주근깨, 다모, 무모, 백모증, 딸기코(주사비), 점(모반), 사마
   귀, 여드름, 노화 현상으로 인한 탈모 등 피부 질환
   - 발기부전impotence · 불감증, 단순 코골음, 단순포경phimosis,
   《국민건강보험 요양 급여의 기준에 관한 규칙》 제9조 제1

항([별표2] 비급여 대상)에 의한 업무 또는 일상생활에 지장이
없는 검열반 등 안과 질환

7) 의치, 의수족, 의안, 안경, 콘택트렌즈, 보청기, 목발, 팔걸이
Arm Sling, 보조기 등 진료 재료의 구입 및 대체 비용(다만, 인공
장기 등 신체에 이식되어 그 기능을 대신할 경우는 제외합니다)

8) 외모 개선 목적의 치료로 인하여 발생한 의료비

　– 쌍꺼풀 수술(이중검수술), 코 성형 수술(융비술), 유방 확대·
축소술, 지방 흡입술, 주름살 제거술 등

　– 사시 교정, 안와격리증의 교정 등 시각계 수술로서 시력 개
선 목적이 아닌 외모 개선 목적의 수술

　– 안경, 콘택트렌즈 등을 대체하기 위한 시력교정술

　– 외모 개선 목적의 다리정맥류 수술

　– 그 외 외모 개선 목적의 치료로 건강보험 비급여 대상에 해
당하는 치료

9) 진료와 무관한 제비용(TV 시청료, 전화료, 제증명료 등), 의사의
임상적 소견과 관련이 없는 검사 비용, 간병비

10) 산재보험에서 보상받는 의료비. 다만, 본인 부담 의료비는
제3조(담보 종목별 보장 내용)에 따라 보상합니다.

11) 인간면역결핍바이러스HIV 감염으로 인한 치료비(다만, 《의료
법》에서 정한 의료인의 진료상 또는 치료 중 혈액에 의한 HIV 감염

은 해당 진료 기록을 통해 객관적으로 확인되는 경우는 제외합니다)

12) 《국민건강보험법》 제42조의 요양 기관이 아닌 해외 소재 의료 기관에서 발생한 의료비

질병 통원 시 보상하지 않는 사항

1. 보험사는 아래의 사유를 원인으로 하여 생긴 통원의료비는 보상하지 않습니다.

   1) 피보험자가 고의로 자신을 해친 경우. 다만, 피보험자가 심신상실 등으로 자유로운 의사 결정을 할 수 없는 상태에서 자신을 해친 사실이 증명된 경우에는 보상합니다.

   2) 보험 수익자가 고의로 피보험자를 해친 경우. 다만, 그 보험 수익자가 보험금의 일부 보험 수익자인 경우에는 그 보험 수익자에 해당하는 보험금을 제외한 나머지 보험금을 다른 보험 수익자에게 지급합니다.

   3) 계약자가 고의로 피보험자를 해친 경우

   4) 피보험자가 정당한 이유 없이 통원 기간 중 의사의 지시를 따르지 않은 때에 보험사는 그로 인하여 악화된 부분에 대해서는 보상하지 않습니다.

2. 보험사는 한국표준질병·사인분류에 있어서 아래의 통원의료

비에 대해서는 보상하지 않습니다.

1) 정신과 질환 및 행동 장애(F04~F99)

2) 여성 생식기의 비염증성 장애로 인한 습관성 유산, 불임 및 인공 수정 관련 합병증(N96~N98)

3) 피보험자의 임신, 출산(제왕절개를 포함합니다), 산후기로 통원한 경우(O00~O99)

4) 선천성 뇌질환(Q00~Q04)

5) 비만(E66)

6) 비뇨기계 장애(N39, R32)

7) 직장 또는 항문 질환 중 《국민건강보험법》상 요양 급여에 해당하지 않는 부분(I84, K60~K62)

3. 보험사는 아래의 통원의료비에 대해서는 보상하지 않습니다.

1) 치과 치료 및 한방 치료에서 발생한 《국민건강보험법》상 요양 급여에 해당하지 않는 비급여 의료비

2) 《국민건강보험법》상 요양 급여 중 본인 부담금의 경우 국민건강보험 관련 법령에 의해 국민건강보험공단으로부터 사전 또는 사후 환급이 가능한 금액(본인 부담금 상한제)

3) 《의료급여법》상 의료 급여 중 본인 부담금의 경우 의료 급여 관련 법령에 의해 의료 급여 기금 등으로부터 사전 또는 사

후 환급이 가능한 금액(《의료급여법》상 본인 부담금 보상제 및 본

인 부담금 상한제)

4) 건강 검진, 예방 접종, 인공 유산. 다만, 회사가 보상하는 질

병 치료를 목적으로 하는 경우에는 보상합니다.

5) 영양제, 종합비타민제, 호르몬 투여, 보신용 투약, 친자 확인

을 위한 진단, 불임 검사, 불임 수술, 불임 복원술, 보조생식

술(체내, 체외 인공 수정을 포함합니다), 성장 촉진과 관련된 비용

등에 소요된 비용. 다만, 회사가 보상하는 질병 치료를 목적

으로 하는 경우에는 보상합니다.

6) 아래에 열거된 치료로 인하여 발생한 의료비

- 단순한 피로 또는 권태

- 주근깨, 다모, 무모, 백모증, 딸기코(주사비), 점(모반), 사마

귀, 여드름, 노화 현상으로 인한 탈모 등 피부 질환

- 발기부전impotence·불감증, 단순 코골음, 단순포경phimosis,

《국민건강보험 요양 급여의 기준에 관한 규칙》 제9조 제1

항([별표2] 비급여 대상)에 의한 업무 또는 일상생활에 지장이

없는 검열반 등 안과 질환

7) 의치, 의수족, 의안, 안경, 콘택트렌즈, 보청기, 목발, 팔걸이

Arm Sling, 보조기 등 진료 재료의 구입 및 대체 비용(다만, 인공

장기 등 신체에 이식되어 그 기능을 대신할 경우는 제외합니다)

8) 외모 개선 목적의 치료로 인하여 발생한 의료비

- 쌍꺼풀 수술(이중검수술), 코 성형 수술(융비술), 유방 확대·

  축소술, 지방 흡입술, 주름살 제거술 등

- 사시 교정, 안와격리증의 교정 등 시각계 수술로서 시력 개

  선 목적이 아닌 외모 개선 목적의 수술

- 안경, 콘택트렌즈 등을 대체하기 위한 시력교정술

- 외모개선 목적의 다리정맥류 수술

- 그 외 외모 개선 목적의 치료로 건강보험 비급여 대상에 해

  당하는 치료

9) 진료와 무관한 제비용(TV 시청료, 전화료, 제증명료 등), 의사의

  임상적 소견과 관련 없는 검사 비용, 간병비

10) 산재보험에서 보상받는 의료비. 다만, 본인 부담 의료비는

  제3조(담보 종목별 보장 내용)에 따라 보상합니다.

11) 인간면역결핍바이러스HIV 감염으로 인한 치료비(다만, 《의료

  법》에서 정한 의료인의 진료상 또는 치료 중 혈액에 의한 HIV 감염

  은 해당 진료 기록을 통해 객관적으로 확인되는 경우는 제외합니다)

12) 《국민건강보험법》 제42조의 요양 기관이 아닌 해외 소재

  의료 기관에서 발생한 의료비

주

1   금융감독원 보도 자료, 2014. 11. 12.

2   4대 보험의 각 운영 기관은 다음과 같습니다.
건강보험: 건강보험공단(http://www.nhis.or.kr)
국민연금: 국민연금공단(http://www.nps.or.kr)
고용·산재보험: 근로복지공단(http://www.kcomwel.or.kr)

3   《아시아투데이》 2014. 3. 27.

4   《소득세법》 제59조의 3.

5   《소득세법》 제129조 제1항 5의 2 [연금 소득자의 나이에 따른 세율].

나이(연금 수령일 현재)	세율
70세 미만	5%
70세 이상~80세 미만	4%
80세 이상	3%

* 종신 계약에 따라 받는 연금 소득에 대해서는 4%

6   《소득세법》 제129조 제1항.

7   《소득세법》 제129조 제1항.

8   《소득세법》 제59조의 4.

9   《소득세법 시행령》 제25조.

10   《AIA생명 (무)스마트유니버설저축보험 상품 요약서》 15쪽.

11   위험 보험료 및 사업비 수준은 보험설계사가 제공해주는 가입 설계서나 보험사 홈페이지 또는 생명·손해보험협회 홈페이지를 통해서 확인할 수 있습니다. 이 중 생명·손해보험협회 홈페이지를 통한 확인 방법은 다음과 같습니다.

＊ 생명보험협회: 공시실 → 상품 비교 공시 → 저축성 보험 비교 공시

＊ 손해보험협회: 공시실(상품 비교 공시) → 장기 저축성 보험 수익률 → 보험 이름 선택 → 비교 공시표 보기

12　"변액 유니버설 보험은 초기에는 수수료가 펀드보다 높지만 시간이 지날수록 펀드와 비교하여 수수료가 낮아지는 구조로 되어 있기 때문에 10년 이상 장기 투자를 계획한다면 변액 유니버설 보험이 수수료적인 측면에서 유리하다"('직장인 부자가 되는 포트폴리오 [변액 연금 보험]', 《이뉴스투데이》 2010. 6. 17).

13　보상책임액 = 보상 대상 의료비(실제 손해액 − 보상 제외 금액) × 회사 부담 비율

14　비례분담액 = 각 계약의 보상 대상 의료비(실제 손해액 − 보상 제외 금액) 중 최고액 × (각 계약별 보상책임액 / 각 계약별 보상책임액의 합계액)

15　2010년에 국가암관리사업단이 암 진단을 받은 환자 600명을 집중 모니터링한 결과, 암 진단 이전 직업을 가지고 있었던 대상자 261명 가운데 218명(약 84퍼센트)이 일을 그만둔 것으로 조사되었습니다.

16　《의료법》 제3조 제2항 제1호에 의한 의원, 치과의원, 한의원, 의료법 제3조 제2항 제2호에 의한 조산원, 《지역보건법》 제7조에 의한 보건소, 제8조에 의한 보건의료원, 제10조에 의한 보건지소, 《농어촌 등 보건의료를 위한 특별조치법》 제15조에 의한 보건진료소.

17　《의료법》 제3조 제2항 제3호에 의한 종합병원, 병원, 치과병원, 한방병원, 요양병원.

18　《국민건강보험법》 제42조 제2항에 의한 종합전문요양기관 또는 《의료법》 제3조의 4에 의한 상급종합병원.

19　《실손의료보험 표준약관》 6관 제22조.

20　'비정한 남편, 13억 보험 든 후 아내 살해', 《한국일보》 2001. 8. 28.

21　《생명 보험 표준약관》 제5조.

22　《생명 보험 표준약관》 제19조.

23　《생명 보험 표준약관》 제19조.

24　노환규 전 대한의사협회 회장은 자신의 블로그(http://blog.naver.com/ipudo)

를 통해 CI 보험을 다음과 같이 평가했습니다. "실제로는 비현실적인 까다로운 조건을 만들어놓고서 의학적 상식이 없는 일반인들에게 이 사실을 숨기고 판매해온 CI 보험은 그 상품 자체가 사기fraud라고 저는 생각합니다."

25 《(무)알리안츠변액유니버설종신보험약관》 48쪽 상단.

26 《(무)알리안츠변액유니버설종신보험약관》 48쪽 하단.

27 《(무)알리안츠변액유니버설종신보험약관》 49쪽.

28 다음의 두 가지 이유에서 '거의 무상 의료나 다름없는 효과'라는 표현을 사용하였습니다. 하나, 실손형 보험은 환자 부담 총액의 100퍼센트를 보상해주지 않습니다. 둘, 보장성 보험이 보장해주지 않는 항목들이 존재합니다.

29 본 설계 사례의 수당은 다음과 같습니다. 종신 보험 82만 7400원, 정기 보험 33만 원. 이 수당은 보험 계약이 24개월간 유지된다는 조건하에서 보너스 등의 다른 변수를 제거한 단편적인 수당입니다.

30 보험연구원, 《생명 보험 상품별 해지율 추정 및 예측 모형》.

31 《당신이 재테크로 부자가 될 수 없는 이유》, 라이온북스, 2011, 216~217쪽.

32 《보험업법》 제95조의 5(중복 계약 체결 확인 의무) ①보험 회사 또는 보험의 모집에 종사하는 자는 대통령령으로 정하는 보험 계약(실손형 보험)을 모집하기 전에 보험 계약자가 되려는 자의 동의를 얻어 모집하고자 하는 보험 계약과 동일한 위험을 보장하는 보험 계약을 체결하고 있는지를 확인하여야 하며 확인한 내용을 보험 계약자가 되려는 자에게 즉시 알려야 한다.

33 고지 의무를 위반했다 하더라도 다음의 여섯 가지 경우(가가 《실손의료보험 표준약관》 제13조 제2항 제5항, 《생명 보험 표준약관》 제14조 제2항 제4항, 《질병·상해 보험 표준약관》 제16조 제2항 제6항에 해당하는 사항입니다) 중 한 가지에 해당할 시에는 보험 계약을 해지할 수 없습니다(단, ⑥의 경우에는 보험금이 지급된 후 보험 계약이 해지됩니다).

① 보험사가 계약 당시에 고지 의무 위반 사실을 알았거나 과실로 인하여 알지 못했을 때
② 보험사가 고지 의무 위반의 사실을 안 날로부터 1개월 이상이 지났거나 제1회 보험료를 받은 때로부터 보험금 지급 사유가 발생하지 않고 2년

(진단 계약의 경우 질병에 대해서는 1년)이 지났을 때

③ 계약을 체결한 날로부터 3년이 지났을 때

④ 보험사가 계약을 청약할 때 피보험자의 건강 상태를 판단할 수 있는 기초 자료(건강진단서 사본 등)에 따라 승낙한 경우 그 건강진단서 사본 등에 명기되어 있는 사항으로 보험금 지급 사유가 발생했을 때(단, 계약자 또는 피보험자가 회사에 제출한 기초 자료의 내용 중 중요 사항을 고의로 사실과 다르게 작성한 때에는 계약을 해지할 수 있습니다.)

⑤ 보험설계사가 고지 의무를 방해했다는 사실이 인정되는 경우

⑥ 고지 의무 위반 사실과 보험 사고 간의 인과관계가 없는 경우(생명 보험 계약의 경우 입증의 책임이 보험사에 있습니다.)

34 《보험업법》 제97조(보험 계약의 체결 또는 모집에 관한 금지 행위) ①보험 계약의 체결 또는 모집에 종사하는 자는 그 체결 또는 모집에 관하여 다음 각 호의 어느 하나에 해당하는 행위를 하여서는 아니 된다.

(중략)

3. 보험 계약자나 피보험자가 보험 상품의 중요한 사항을 보험사에 알리는 것을 방해하거나 알리지 아니할 것을 권유하는 행위

4. 보험 계약자나 피보험자가 보험 상품의 중요한 사항에 대하여 부실한 사항을 보험 회사에 알릴 것을 권유하는 행위

(후략)

35 대법원 2007.6.28 선고 2006다69837.

36 계약자에게는 보험 가입 시 병력과 직업 등의 위험 사항을 알려야 하는 '고지 의무' 외에도 보험 기간 중에 증가되는 위험 변경의 사항을 보험사에 지체 없이 알려야 하는 '통지 의무'가 있습니다. 이를 해태解怠할 시에 보험사는 그 사실을 안 날로부터 1개월 내에 한하여 보험 계약을 해지할 수 있습니다. 또한 보험사가 위험 변경 증가의 통지를 받은 때에는 1개월 내에 보험료의 증액을 청구하거나 계약을 해지할 수도 있습니다(《상법》 제652조).

37 대법원 1996.11.22 선고 96다37084.

38 대법원 2010.2.11 선고 2009다74007.

39 《보험업 감독 업무 시행 세칙》 [별표 14] 표준사업방법서 제6관 제34조(회

사의 손해배상 책임) ①회사는 임원, 직원, 보험설계사 및 대리점(이하 "회사 관계인"이라 한다)의 고의 또는 과실로 인하여 계약이 무효로 된 경우와 회사가 승낙 전에 무효임을 알았거나 알 수 있었음에도 불구하고 보험료를 반환하지 아니한 경우에는 다음 각 호의 1에 해당하는 손해배상금을 지급한다.

1. 보험금 지급 사유가 발생하지 아니한 경우에는 이미 납입한 보험료와 보험료를 납입한 날의 다음 날부터 반환일까지의 기간에 대하여 회사의 보험 계약 대출 이율을 연단위 복리로 계산한 금액
2. 계약 소멸 사유에 해당되지 아니하는 보험금 지급 사유가 발생한 경우에는 이미 납입한 보험료와 그 사유에 해당되는 보험금에 상당하는 금액
3. 계약 소멸 사유에 해당되는 보험금 지급 사유가 발생한 경우에는 그 사유에 해당되는 보험금에 상당하는 금액

40 이와 관련한 자료로 〈KBS 뉴스〉의 2015년 1월 27일 자 보도 '일단 깎아라! 감액은 "실적" 보험사 횡포 만연'을 추천합니다. 후속 보도인 28일 자 보도 '보험금 신청해도 "못 준다" "깎자" 받기 어려워'도 함께 시청하시면 좋습니다. 해당 보도에서 한 보험사의 전직 감사와 또 다른 보험사의 전직 조사 담당자는 다음과 같이 말합니다. "회계연도 내지는 분기별로 (감액)목표를 줘 가지고, 그 목표를 달성하게끔 독려를 한다고요. 보험 회사 직원은 안 주는 것이 목표가 되겠죠. 그게 구조적인 거죠." "수단 방법을 안 가려서 1억 줄 걸 5000만~6000만 원에 합의를 도출했다, 그럼 그거 잘했다고 S(최고)등급 주는 거예요. 평가가 좋으면 상여금 많이 나오고 승진 잘되고."

41 금융소비자연맹의 2013년 7월 보도 자료에 따르면, 생명보험사의 보험금 부지급률은 0.96퍼센트, 손해보험사의 부지급률은 0.87퍼센트입니다.

42 "환자가 제출한 진단서 등을 신뢰할 수가 없다"며 자기네와 친한 의사(자문 의사)의 소견서를 근거로 기왕증이라는 주장을 펼칩니다. 이때 보험사 측의 자문 의사는 환자를 대면(진료)하지 않고 소견서를 작성하는데, 해당 행위는 엄연히 《의료법》(제17조 제1항) 위반입니다. 그래서 보험사는 자문 의사를 보호하기 위해 철저하게 정체를 비밀에 부칩니다. 관련 자료로 2007년 9월 7일 방영된 KBS 〈소비자 고발〉과 2008년 4월 8일 방영된 MBC 〈피디수첩〉을 추천합니다.

43 CI 보험의 보험금 지급 거절 사유입니다.

44 보장성 보험의 입원 및 치료 관련 보장 약관에는 '직접 목적'이라는 말이 쓰여 있는데, 주로 다음과 같이 쓰입니다. "입원을 직접 목적으로 필요하다고 인정한 경우로서 (…) 치료를 직접 목적으로 필요하다고 인정한 경우로서"(《(무)알리안츠변액유니버설종신보험약관》, 무배당 암치료 보장특약 II 약관, 제14조 ["입원" 및 "수술"의 정의와 장소]). '직접 목적의 입원·치료 행위'란 대체 무엇인지 묻지 않을 수 없습니다.

45 관련 자료로 2015년 3월 4일 보도된 〈KBS 뉴스〉의 '[이슈&뉴스] "보험금 청구했더니 수사 의뢰" … 보험사 소송 남발'을 추천합니다. 해당 보도에서 한 보험사의 전직 소송 담당 직원은 다음과 같이 증언했습니다. "소송 작업 하는 것 자체가 업무의 하나이기 때문에 그렇게 어려운 일이 아니거든요. 그런데 고객 입장에서는 엄청 크게 와 닿는 거잖아요. 미리 조율할 수 있음에도 불구하고…"

46 《2012년도 건강보험 환자 진료비 실태 조사》를 참고하였습니다. 건강보험 보장률은 2009년에 65.0퍼센트를 기록한 후 2010년 63.6퍼센트, 2011년 63.0퍼센트, 2012년 62.5퍼센트로 3년째 하락세를 보이고 있습니다.

47 '불안하니 사보험은 필수? 당신도 속았다. 로또보다 낮은 민영 의보 지급률의 실체', 《오마이뉴스》 2011. 2. 15.

48 건강보험 가입자는 '직장가입자'(사업장의 사용자 및 노동자, 공무원 및 교직원, 피부양자)와 '지역가입자'(직장가입자를 제외한 자)로 나뉩니다. 둘의 혜택은 다르지 않습니다.

49 2011년 건강보험 가입자(직장가입자＋지역가입자)의 보험료 합계액은 약 19조 8000억 원이었고, 지급된 총 보험금액(급여비)은 약 35조 8000억 원이었습니다.

50 금융감독원은 설립 목적을 다음과 같이 밝히고 있습니다. "금융 기관에 대한 검사·감독 업무 등의 수행을 통하여 건전한 신용 질서와 공정한 금융 거래 관행을 확립하고, 예금자 및 투자자 등 금융 수요자를 보호함으로써 국민경제의 발전에 기여함"(금융감독원 홈페이지). "금융 수요자를 보호함"이라니, 좋은 말이지요. 그러나 근거리에서 지켜보는 금융감독원의 민원 처리 태도는 이와는 한참이나 거리가 멀어 보입니다. 여러 가지 문제가 있지만

그중 가장 눈에 띄는 점은 금융감독원이 사법 기관이 아니라는 사실에 기인
하는 미온적 태도입니다. 금융감독원 관계자는 2010년 KBS 〈소비자 고발〉
제작진과의 인터뷰에서 보험사의 보험금 부지급 행태에 대해 다음과 같은
'무기력한 말'을 남겼습니다. "한번 이미 보험 회사에서는 안 주기로 결정한
사안인데, 그걸 저희가 엎는다고 하는 건 … 그들(보험사)도 법률적으로 분
석하고 판단한 사안인데, 저희가 그것을 … 사법 기관도 아닌데, 특별한 권
한을 가지고 있는 것도 아니고 중간에 형평성에 맞게 조정을 하는 입장인
데…" 이 인터뷰 내용을 요약하면 다음과 같지 않을까요? "저희에게는 힘이
별로 없습니다. 그러니 너무 큰 기대를 갖지는 말아주세요."

51　대법원 2006. 9. 22 선고 2004다56677 판결.

52　《보험업법》제97조 제1항 제5호.

53　《보험업법》제97조 제3항 제1호.

54　《보험업법 시행령》제43조의 2.

55　《보험업법 시행령》제1조의 2 제1항.

56　《보험업법 시행령》제43조의 2 제2항.

당신이 믿고 가입한
보험을 의심하라

초판 1쇄 발행 | 2015년 11월 27일
초판 2쇄 발행 | 2015년 12월 21일

지은이 구본기
책임편집 조성우
편집 손성실
마케팅 이동준
디자인 권월화
용지 월드페이퍼
제작 (주)상지사P&B
펴낸곳 생각비행
등록일 2010년 3월 29일 | 등록번호 제2010-000092호
주소 서울시 마포구 월드컵북로 132, 402호
전화 02) 3141-0485
팩스 02) 3141-0486
이메일 ideas0419@hanmail.net
블로그 www.ideas0419.com

ⓒ 생각비행, 2015, Printed in Korea.
ISBN 978-89-94502-58-8 13320

책값은 뒤표지에 있습니다.
잘못된 책은 바꾸어드립니다.